Zane B. Stein
Wendepunkt Chiron

Zane B. Stein

Wendepunkt Chiron

Essenz und Anwendung

Chiron Verlag

Die Deutsche Bibliothek – CIP-Einheitsaufnahme

Stein, Zane B.:
Wendepunkt Chiron : Essenz und Anwendung / Zane B. Stein.
Aus dem Amerikan. von Ulla Janascheck und Reinhardt
Stiehle. – 2. Aufl. – Mössingen : Chiron-Verl., 1996
Einheitssacht.: Essence and application <dt.>
ISBN 3-925100-08-3

2. erw. Auflage

Druck: Fuldaer Verlagsanstalt
Fanti lebt!

Zu beziehen durch den Buchhandel oder direkt beim
CHIRON VERLAG, Postfach 1131, D-72109 Mössingen

ISBN 3–925100–08–3

Inhalt

Einleitung

Ich bin sowohl Astrologe, als auch Christ. Schon lange bevor ich entdeckte, daß die Zwillinge mein Sonnenzeichen sind, hatte ich einen tiefen Glauben an Gott. Ganz gleich welche Einblicke ich durch die Astrologie empfange, ich bin überzeugt davon, daß diese vom Schöpfer kommen, der die Planeten am Himmel schuf.

Als ich mit der Erforschung Chirons begann, wurde mir sehr schnell klar, daß dieser kleine Planet Gottes Hand bei der Arbeit war. Viele der Mythen um Chiron gleichen dem Leben Christi. Chiron – Menschen suchen nach universellen Wahrheiten, welche noch lange bestehen, nachdem die saturnalen Regeln schon ihre Geltung verloren haben. Chiron ist mit dem Begriff »Grundursache« verwandt. Des weiteren ist er ein wesentlicher Faktor bei der Krankenheilung.

Seit meiner Gründung der *Association for Studying Chiron* im Jahre 1978 kamen unzählige Daten aus aller Welt an. Und jedes neue Teilchen des Puzzles scheint die Annahme zu stützen, daß Gott uns Chiron in dieser Zeit offenbarte, um die Menschheit zu heilen, bevor sie sich in die Vernichtung treibt.

Aber wie ich schon sagte, die Datenfülle ist immens. Im Jahre 1983 schrieb ich ein erstes Buch über Chiron, mit dem ich den Lesern eine Einführung in die Wirkweise dieser neuen Planetenenergie geben wollte. Ich empfehle, dieses Buch als Begleitlektüre mit zu verwenden. Es hat zwar weltweit allgemeinen Anklang gefunden, aber ich war noch nicht ganz damit zufrieden, weil meiner Meinung nach noch so vieles unausgesprochen geblieben ist.

Im Januar 1984 war eine Jupiter/Neptun – Konjunktion auf 0° Steinbock: genau auf meinem Radix – Chiron. Ich kam zu der Erkenntnis, daß es mein wirkliches Anliegen war, die verschiedenen zu Tage getretenen Themen zu einer holistischen Gesamtschau zusammenzufassen. Aber wie?

Im Verlauf der nächsten Monate kam die Antwort ganz allmählich wie von selber zu mir. Im November 1984, als Neptun erneut einen Transit auf meinen Radix – Chiron hatte, begann ich ernsthaft damit, nach und nach meine Daten und Ideen zu sondieren und mir ein Buch nach dem anderen aus der Bibliothek zu holen — Bücher über Astrologie, das Immunsystem,

Gesundheit, Psychologie und alle möglichen anderen Themenbereiche. Es folgte eine Phase intensiver Lektüre, und bei der Wintersonnenwende, als die Sonne auf 0° 01' Steinbock stand, begann ich mit dem Schreiben dieses Buches. Mit dem vollen Bewußtsein, daß Neptun mich dazu drängte, das gesamte Bild zu beschreiben, beschloß ich, die Einzelstücke zu verbinden, indem ich mich Chiron aus den verschiedensten Richtungen annäherte. Daraus wurde Abschnitt eins: DIE ESSENZ.

Dann wurde ich von Zulma Gonzales aus Philadelphia gebeten, eine gründliche Analyse der Aspekte Chirons zu verfassen. Daraus wurde das Kernstück von Abschnitt zwei: DIE ANWENDUNG. Und der Rest schien sich wie von selbst zu schreiben.

Ich bin ein »chironischer« Astrologe. Man kann dieses Wort in keinem Lexikon finden, aber es gibt bereits ziemlich viele von uns und es werden von Tag zu Tag mehr. Wir sind Astrologen, die glauben, daß das Auffinden der Wahrheit wichtiger ist als alle persönlichen Theorien, und daß wir immer unseren Geist für die Ideen von anderen offenhalten sollten.

Deshalb verstehen Sie dieses Buch bitte nicht als das letzte Wort über Chiron. Immerhin wurde dieser Kleinplanet erst 1977 entdeckt, und es gibt noch vieles zu lernen. Es steht vielmehr jedem frei, mit den Aussagen der folgenden Seiten nicht einverstanden zu sein. Falls dem so ist, dann möchte ich jedoch darum bitten, die Kritik mit Daten oder wenigstens mit Logik zu fundieren. Denn ich bin mehr an der Enthüllung von Chirons wahrem Wesen interessiert, als daran, daß meine Worte als Evangelium aufgefaßt werden. Ich begrüße alle Einsichten des Lesers, einerlei wie sehr sie sich von meinen eigenen unterscheiden mögen.

Wer dieses Buch gelesen hat, wird sich eventuell sogar mehr unter einem »chironischen« Astrologen vorstellen können. Vielleicht möchten Sie sogar selber einer werden. Wer weiß, vielleicht sind Sie schon einer.

DIE ESSENZ

Schlüsselbegriffe

Bereits seit 1978, als die ersten ernsthaften Erforschungen begannen, waren aus allen Teilen der Welt die verschiedensten Schlüsselbegriffe für Chiron zu vernehmen. Das Spektrum war sehr weitläufig — jeder Forscher war anscheinend von seiner eigenen persönlichen Sichtweise über den neuen Planeten vereinnahmt. Es gibt aber einen gemeinsamen roten Faden, der sich durch diese scheinbar unzusammenhängenden Begriffe und Redewendungen zieht, auch wenn er nicht ohne weiteres wahrnehmbar zu sein scheint.

Es folgt nun zunächst eine Liste mit den vielen Schlüsselbegriffen, die bislang für Chiron gefunden wurden und zwar jeweils immer mit einer kurzen Definition. In den nachfolgenden Kapiteln versuche ich dann zu zeigen, wie alle diese Ideen zusammenpassen und auf das Hauptthema Chirons schliessen lassen. Wer schon mit Chiron gearbeitet hat kann diesen Abschnitt eventuell auch überschlagen und bei der weiteren Lektüre von Zeit zu Zeit zurückblättern.

Einzelgänger: Dies war einer der ersten Schlüsselbegriffe, welcher für Chiron vorgeschlagen wurde und ist ursprünglich aus einer Verlautbarung von Dr. Brian G. Marsden (Smithsonian Institute) abgeleitet worden. Dr. Marsden erwähnte den Tatbestand, daß Chiron höchstwahrscheinlich von außerhalb unseres Sonnensystems stamme und uns vielleicht eines Tages wieder verlassen werde, weshalb er ein »Maverick« bzw. Einzelgänger sei. Viele Leute verstehen die Bedeutung dieses Wortes nicht richtig und neigen dazu, es mit Begriffen wie Rebell oder gar Revolutionär durcheinanderzubringen. Wenn dem so ist, dann unterstellen sie selbstverständlich, daß Chiron einfach die kleinere Ausgabe von Uranus sei. Aber »Maverick« bedeutet nicht Rebell. Ein Einzelgänger ist jemand, der zwar abseits von anderen Mitgliedern seiner Gruppe steht, der aber nicht zwangsläufig versucht, andere zu der eigenen Meinung zu bekehren. Er ist weder für, noch gegen eine Gruppe, egal in welchem Bereich sich die einzelgängerische Seite zeigt. Dagegen steht ein Rebell in unmittelbarer Opposition zu einer bestimmten Auffassung oder Autorität, sogar bis hin zur direkten Verweigerung und meistens mit der Absicht, irgendeine größere Veränderung in der Gruppenstruktur herbeizuführen. Der einfachste Weg, den Begriff »Maverick« zu verstehen, ist sich Chirons Himmelsposition zu vergegenwärtigen: er wandelt zwischen Saturn (die Autorität, das Establishment und seine Regeln) und Uranus (der Rebell, der Revolutionär, der Individualist, der offen mit dem System bricht). Somit trägt der »Maverick« kein Brandzeichen, aufgrund dessen man ihn als Anhänger einer Gruppenideologie abstempeln könnte, aber gleichzeitig führt er auch nicht das Banner des Protests gegen besagte Ideologie mit sich. Ein Einzelgänger verfolgt seinen eigenen Kurs, obwohl er bald entdecken kann, daß er entlang seines Weges Nachfolger anzieht.

Suche: Dies ist ein sehr wichtiges Schlüsselwort, welches im Zusammenhang mit der Suche nach Wahrheit von besonderer Bedeutung ist. In Verbindung damit stehen romantische Bilder, welche in großen und oft erzählten Mythen heraufbeschworen werden. Somit enthält der Begriff Suche auch die Transformation, welche sich bei dem Suchenden als ein Ergebnis seiner Suche einstellt.

Führer: Dies ist jemand (oder etwas), mit dessen Hilfe man in eine bestimmte Richtung gelenkt oder auf die richtige Bahn geführt wird, welche einen ans Ziel bringt. Es ist in diesem Zusammenhang wichtig zu erkennen, daß solch ein Führer nicht zwangsläufig ein Lebewesen sein muß. Es kann auch ein Geist oder sogar ein lebloser Gegenstand sein, oder aber auch die Worte eines anderen, die in Form eines Buches zu einem gelangen.

Schlüssel: Ein Schlüssel verhilft einem, sich Zutritt zu einer Sache oder einem Ort zu verschaffen, andererseits ist er aber auch ein Mittel, welches eben diesen Zutritt verhindert. Er kann genau das kleine Stück Information sein, welches zum Verständnis einer Problemlösung beiträgt. Das Wichtigste an einem Schlüssel ist die Erkenntnis seiner Existenz. Ehe man herausfindet, daß ein Schlüssel existiert, vermag man kaum zu glauben, daß es für ein Problem eine Lösungsmöglichkeit gibt — oder aber man wird nicht einmal einsehen, daß ein Problem vorliegt. Aber sobald der Schlüssel erst einmal entdeckt worden ist, wurde schon der erste Schritt zur Lösung unternommen. Denn wer den Schlüssel hat, der hat tatsächlich auch die Kontrolle: er kann andere am Öffnen der Türe und damit an der Beseitigung ihres Problemes hindern. Ein Schlüssel ist somit sowohl zum Öffnen, als auch zum Schließen der Türe notwendig.

Eingang: Der Eingang gehört im Endeffekt zu keiner Welt. Betrachten wir beispielsweise die Türöffnung eines Hauses. Stehen wir draußen, dann müssen wir die Schwelle überqueren, um hinein zu gelangen, befinden wir uns im Inneren, dann müssen wir sie ebenfalls überschreiten, um hinaus zu kommen. Die Türe ist zwar wohl ein Teil des Hauses und blockiert den Zutritt oder Ausgang — aber die Öffnung an sich ist völlig neutral. Sie gehört zu beiden Seiten — oder zu keiner, je nachdem, von welchem Standpunkt aus man sie betrachtet. Bleiben wir bei dem Beispiel und stellen uns die Wände des Hauses als Saturn vor, das Innere sollen die anderen sichtbaren

Planeten sein, und die Außenseite verkörpert Uranus, Neptun und Pluto. Chiron kann dann als die Türöffnung selbst angesehen werden.

Jetzt: Chiron ist ein sehr kleiner Himmelskörper. Er verweilt, auf das ganze Universum bezogen nur für eine kurze Zeit — den kürzesten Augenblick der universellen Zeit — mit uns und unserem Sonnensystem. Die Gegenwart ist die Zeit, in der wir leben, genau jetzt. Aber jedes gegenwärtige Ereignis wird unverzüglich zu einem vergangenen. Selbst Zukünftiges geht schnell in die Vergangenheit über. Chiron repräsentiert diesen kurzen, gegenwärtigen Moment, diese flüchtige Begebenheit, der wir gerade *jetzt* unsere Aufmerksamkeit schenken, bevor sie zu einem »war« verfällt. Oder um es anders auszudrücken, wir leben immer nur in der Gegenwart, und Chiron führt uns diese Tatsache ganz bewußt vor Augen. Saturn symbolisiert Ereignisse, nachdem sie Vergangenheit wurden, Uranus dagegen jene, die erst kommen werden. Wir können unsere Aufmerksamkeit auf Saturn oder Uranus richten, aber nie in einer der beiden Zeitebenen leben. Es könnte gut sein, daß dies ein Teil der Lektion ist, die wir aus dem Wissen lernen sollten, daß sowohl Saturn, als auch Uranus von Ringen umgeben (eingesperrt?) sind.

Lernen: Dieses Wort bedeutet den Zugewinn an Wissen oder Geschicklichkeit und schließt oft mit ein, daß dies durch eine Art Anweisung oder Studium geschieht. Lernen kann den Effekt eines Wandels oder sogar eine drastische Veränderung im Verhalten und Lebensstil mit sich bringen. Wenn man etwas dazulernt, bekommt das Gehirn eine neue Furche und somit bewirkt jeder Lernvorgang eine Veränderung, und sei es nur diese eine neue Furche.

Heilung: Es bestehen unterschiedliche Meinungen darüber, was genau eine Heilung ausmacht, aber ich pflege damit sowohl die Wiederherstellung des Gleichgewichts, als auch den Prozeß, der zur Ganzwerdung führt, zu beschreiben. Folglich handelt es sich nicht nur um die Beseitigung eines unangenehmen Zustandes, sondern um einen viel tieferliegenden und viel komplizierteren Vorgang. Eine Heilung kann auch in viel breiterem Ausmaß stattfinden, so etwa nach einem Bruch in einer Beziehung oder nach einer Spaltung innerhalb einer Organisation. Bei Heilung sollte man nicht nur zwangsläufig an den medizinischen Bereich denken, sondern an alle möglichen anderen Ebenen.

Hintertürchen: Wenn ein Rechtsdokument eine Zweideutigkeit im Text enthält, oder wenn ein wichtiger Punkt ausgelassen wurde, dann kann man dieses Hintertürchen einsetzen, um aus dem Vertrag auszusteigen oder die Verpflichtung zu umgehen. Wenn wir dies etwas weiter fassen, dann handelt es sich bei einem Hintertürchen um jede kleine Öffnung, die Licht oder Luft durchläßt, ohne das Dokument oder die Mauer, worin es sich befindet, zu zerstören.

Qualifier: Dieser Begriff stammt ursprünglich aus der Sprachwissenschaft und bezeichnet dort Wörter, die etwas näher bestimmen. Jede Kategorie (von Saturn beherrscht) basiert auf ganz bestimmten Voraussetzungen oder Standards, welche für alle Mitglieder dieser Begriffsklasse zutreffen müssen. Diejenigen, welche nicht in dieses Schema passen, können zu einer anderen Kategorie gehören, was aber für unsere Diskussion weniger belangreich ist. Dagegen ist aber von Bedeutung, daß es bei jeder Klassifizierung immer ein paar Objekte geben muß, die sich nahe an der Schnittkante von zwei Gruppen befinden. Sie fallen also nur noch ganz knapp in diese Kategorie, und wenn ihre Merkmalsausprägung nur ein klein wenig verändert wäre, würden sie herausfallen. Nehmen wir als Beispiel die Kategorie »chemische Elemente«. Ein Gramm Gold ist Gold, und wenn wir ein Kilo davon nehmen, bleibt es immer noch Gold. Selbst als Molekül ist es noch ein und dasselbe Element. Ein Atom bezeichnet die kleinste Einheit, welche noch den Namen Gold beibehalten kann. Zerteilen wir dieses in noch kleinere Teile wie zum Beispiel Elektronen, dann haben wir nicht mehr Gold. Folglich wird die Kategorie »Element« durch das Atom näher bestimmt, und dieses ist damit der Qualifier für diese Klasse.

Chiros: Zeit wird normalerweise als das Reich von Saturn angesehen, aber in Wirklichkeit beherrscht Saturn nur eine bestimmte Art von Zeit: die chronologische Zeit (Dauer). Chiros repräsentiert jene Zeit, die außerhalb dieses Bereiches liegt, eine Zeit, welche völlig anderen Gesetzen folgt (vorausgesetzt, sie folgt überhaupt irgendwelchen Gesetzen). Es handelt sich um die Zeit, auf welche Einstein sich bei seiner Erklärung der Relativität bezog: »Wenn ein Mann eine Stunde lang mit einem hübschen Mädchen zusammensitzt, dann erscheint es ihm wie eine Minute. Aber laß ihn für eine Minute auf einem heißen Ofen sitzen — und es ist länger als jede Stunde. Das ist Relativität«. Robert Heinlein vertritt in seinem Buch *Stranger in a strange Land* eine ähnliche Auffassung, wenn er seine Hauptfigur Michael Valentine Smith über einen »Scheitelpunkt« reden läßt — eine Zeit, in der alles andere dahinschwindet und sich die gesamte Aufmerksamkeit auf das Fällen einer wichtigen Entscheidung richtet. Chiros wurde sogar als eine »zeitlose Zeit« bezeichnet. Viele Menschen konnten durch tiefe Meditation schon in diese Art von Zeit eintauchen. Erinnern wir uns, daß sich Chirons Umlaufbahn die meiste Zeit jenseits von Saturn befindet, denn dies könnte beim Nachsinnen über eine Zeit, welche nicht von der Uhr oder dem Kalender beherrscht wird, behilflich sein.

Zapfhahn: Ein Zapfhahn ist eine Vorrichtung, mit der man eine Flüssigkeit aus einem Behälter entnehmen kann, ohne dessen Struktur zu verändern. Wenn wir den Gedanken noch einen Schritt weiter führen, dann könnte ein Zapfhahn auch dazu dienen, noch andere Dinge wie Energie oder Heilkräfte, freizugeben. Festzuhalten wäre ein wichtiger Punkt: ein

Zapfhahn erlaubt der Struktur, ihre ursprüngliche und eigentliche Einheit beizubehalten.

Ratgeber: Dies ist jemand, dem man vertraut, zu dem man gerne aufblickt, jemand, der einen beraten, führen und eventuell lehren kann. Viele Menschen müssen auf bestimmten Entwicklungsstufen einen Ratgeber finden, obwohl man über dieses Bedürfnis oft hinauswächst, nachdem man sich ein Stückchen weiter entwickelt hat. Der entscheidende Aspekt ist meiner Meinung nach das richtige Timing. Wenn man in Not ist, tritt ein Ratgeber in Erscheinung.

Zum Abschluß möchte ich noch einen weiteren Begriff in diese Liste einfügen: **Synergie**. Im Lexikon wird dies definiert als: »Zusammenwirken verschiedener Kräfte, welche zusammen eine größere Wirkung haben als die Summe ihrer Einzeleffekte«. Ich hoffe, daß sich dies am Ende dieses Buches als der wichtigste Schlüsselbegriff Chirons herausstellen wird.

Was ist Wirklichkeit

Unsere Ahnen hatten es einfach. Sie nahmen Saturn als den äußersten Planeten wahr und so wurde dieser zur Definition der Wirklichkeit. Er bildete den Maßstab, mit dem sie beurteilten, was real war: Strukturen, Zeit, Dauer. Nett und einfach.

Aber 1789 zeigte jemand mittels eines Teleskopes, daß Saturn nur die › augenscheinliche ‹ Wirklichkeit verkörperte. In jenem Jahr wurde Uranus entdeckt, und er schickte seine Schockwellen durch die astrologische und die astronomische Welt. Mehr noch, diese Entdeckung stand symbolisch für die drastischen Veränderungen, welche sich im menschlichen Bewußtsein vollzogen. Die Realität selbst konnte nicht mehr länger als das angesehen werden, was sie bislang war.

Seitdem wurden die Definitionen der Wirklichkeit beinahe so oft erneuert, wie man das Filterpapier in der Kaffeemaschine auswechselt. Jede neue wissenschaftliche Entdeckung veränderte, ja zerstörte manchmal sogar das, was zum jeweiligen Zeitpunkt gerade als die allgemein akzeptierte Sichtweise galt. Die Entdeckung von Neptun und später Pluto diente nur dazu, unser Bewußtsein hinsichtlich dessen, was wir über den tatsächlichen Zustand des Universums wirklich wußten, zu schärfen.

Und dann kam Chiron. Mit dem Eindringen dieses kleinen Planeten in das Bewußtsein ergab sich die Möglichkeit, zu erkennen, was Realität tatsächlich ist. Wie bei allen Wahrheiten, so mag auch das folgende ein wenig kontrovers sein, vor allem, wenn es deine eigenen persönlichen Wirklichkeitskonzepte erschüttert. Aber ist es nicht besser, aufgerüttelt zu werden, als weiterhin an etwas zu glauben, das in der einen oder anderen Hinsicht falsch ist?

Bevor ich zeigen kann, wie Chiron die Wirklichkeit definiert, muß ich erst einen kleinen Abstecher in die Welt der Quantenphysik machen. Wer dieses Thema schon eingehend studiert hat, möge bitte Geduld mit mir haben.

Von Anfang an war es das Ziel der Physik, eine klare und detaillierte Beschreibung des Universums und seiner Gesetze zu erstellen. Aber als nach und nach immer kleinere Partikel entdeckt und erforscht wurden, ließ sich dieses Ziel immer schwieriger erreichen. Nachdem das Atom in seine Bestandteile wie Elektronen, Neutronen, Protonen und so weiter zergliedert worden war, stellte es sich bald heraus, daß es absolut unmöglich war, diese Partikel völlig in Raum und Zeit zu isolieren. Man kann möglicherweise den Ort eines bestimmten Teilchens mit aller Genauigkeit messen oder den Impuls von besagtem Partikel, aber beides gleichzeitig geht nicht. Das Messen des einen verändert automatisch das andere. (Dies hängt mit der Heisenberg'schen Unschärferelation zusammen, welche besagt, daß etwas, das untersucht wird, sich dadurch in seinem Wesen verändert.) Worauf das ganze hinausläuft ist, daß Partikel nur eine relative Aufenthaltswahrscheinlichkeit haben — wir können also niemals sicher sein. Darüberhinaus ist es tatsächlich unmöglich, Teilchen wie Protonen oder Elektronen zum Zweck der Erforschung zu isolieren. Wir haben keine zuverlässige Methode, mit der sich bestimmen ließe, ob ein Elektron, welches wir in das Atom eindringen sahen, mit demjenigen identisch ist, welches das Atom wieder verläßt. Man stelle sich das einmal vor, es gibt hier einfach nicht die Möglichkeit einer absoluten Sicherheit.

Elektronen werden als »Wahrscheinlichkeitswolken« bezeichnet und von den Statistikern untersucht. Behalten wir dies für später im Gedächtnis.

Es gab eine Zeit, in der Materie und Licht (z.B. das elektromagnetische Spektrum) als zwei völlig getrennte Erscheinungen im Universum angesehen wurden. Heute ist das nicht mehr so. Ein Lichtphoton wird als ein kleines Energiebündel betrachtet — die Grundlage aller Materie. Es speichert seine Energie durch seine Winkelgeschwindigkeit und sendet sein Licht nicht nur einfach in einem Strahl, sondern in ganzen Einheiten aus. Diese können auch als Energiequanten bezeichnet werden, sodaß wir beim Messen von Licht auch gespeicherte Energie messen. Und da es Energie nach dem Prinzip der Winkelgeschwindigkeit speichert, enthält es umso mehr Energie, je kleiner es wird und je schneller es sich dreht.

Nun, Licht an sich ist aus zahlreichen Gründen etwas besonderes. Wenn es sich von einem Punkt zu dem nächsten bewegt, hinterläßt es keine Spuren. Mehr noch, Photonen wählen immer den Weg, welcher sie mit dem geringsten Zeitaufwand ans Ziel bringt. Tatsächlich ist Licht überall und dient dazu, alles mit allem zu verbinden.

Damit nicht der Eindruck entsteht, ich hätte Chiron völlig vergessen, ist es nun an der Zeit, daß ich mich wieder dem kleinen Planeten zuwende, indem ich die Schlüsselbegriffe »Qualifier« und »Ganzheit« in das Gespräch einbringe.

Wer das vorige Kapitel gelesen hat wird wissen, daß ein Qualifier das kleinste Ganze ist, das eine Kategorie eingrenzt. Wenn es beispielsweise um die Kategorie Mensch geht, dann können wir nicht das Eisen aus einem Mensch herausnehmen und dieses Eisen als Mensch bezeichnen. Wenn wir die Kategorie Gold betrachten, dann können wir nicht eines der Elektronen aus dem Goldatom heraustrennen, und dieses Elektron Gold nennen.

Immer wenn es einen Energieaustausch auf atomarer Ebene gibt, vollzieht sich dieser in Form ganzer Lichtquanten — oder wir können diese auch als ganze Aktionseinheiten bezeichnen. Es ergibt sich also nie der Fall, daß 1½ oder 7¼ Lichtquanten ausgetauscht werden. Licht — und auch Aktion — kommt in ganzen Einheiten, welche nicht getrennt werden können. Sie sind das kleinste Ganze, die ersten Qualifier des Universums.

Schon in der Bibel heißt es: »Und Gott sprach: › Es werde Licht ‹ und es wurde Licht«. Licht wurde als erstes erschaffen, und aus dem Licht haben sich alle Dinge entwickelt.

Nun können wir, wie ich schon sagte, ein Lichtquantum mit einer Aktionseinheit vergleichen. Mit dieser Aussage im Hinterkopf vergegenwärtigen wir uns folgendes: da Aktion als meßbares Ganzes in Erscheinung tritt, muß Ganzheit der grundlegende Wesenszug jeder Aktion sein. Und wenn Licht die Urkraft hinter aller Schöpfung ist, dann ist Ganzheit auch die allem zweckgerichteten Handeln zugrunde liegende Wesensart. Der Zweck der Aktion richtet sich aufdas Ganze — und dies ist nicht nur einfach die Summe aller Teile.

Die traditionelle Wissenschaft, welche von Saturn gestaltet wurde, mißt solche Dinge wie Masse, Länge und selbstverständlich Zeit. Dies sind nur Teile. Wissenschaft kann somit aufgrund ihrer Meßmethoden das existierende Ganze nicht erfassen. Die Funktion von allem und jedem, sei es eine Person, ein Auto oder sonst etwas, besteht nur im Ganzen. Wird das Ganze zerlegt, dann ist dessen Funktion nicht mehr existent. Folglich ist das Ganze mehr als die Summe seiner Teile.

Chiron ist der Fingerzeig zu diesem Wirklichkeitsbild, bei dem das Universum ein Ganzes ist — alle Teile sind voneinander abhängig, alle Teile sind aus exakt den gleichen Lichtbündeln zusammengesetzt. Um Teilhard de Chardin zu zitieren: »Je weiter und tiefer wir mittels zunehmend stärkerer Methoden in die Materie eindringen, umso mehr werden wir von der gegenseitigen Abhängigkeit ihrer Teile verwirrt«. Chiron vermittelt dieses Gesamtkonzept der Ganzheit. Er läßt sich mit der Idee des Qualifiers assoziieren, welcher die kleinsten Einheiten in einer Klasse näher definiert. Und Chiron ist verknüpft mit der Vorstellung einer Licht- und Aktionseinheit.

Chiron lenkt den Bewußtwerdungsprozeß, durch den wir gewahr werden, daß der menschliche Körper aus einer Billion Atome besteht, und dennoch mehr darstellt, als bloß einen Haufen zusammengewürfelter Atome. Chiron leitet die Vorstellung, die in den Worten von Alan Watts folgendermaßen zum Ausdruck kommt: »Sprachen lassen die Welt erscheinen, als ob sie eine Ansammlung von getrennten Stückchen und Teilen wäre. Der Mangel solcher Gitternetze liegt darin, daß sie die Wechselbeziehungen ausblenden oder ignorieren (oder unterdrücken)«.

Chiron lehrt uns: Je komplexer und spezialisierter etwas ist, desto weniger funktioniert es, wenn es geteilt oder getrennt wird. Nehmen wir zum Beispiel eine Pflanze. Man kann einen ganzen Strauß neuer Blumen heranziehen, indem man einen Ableger von der Mutterpflanze trennt. Auf einer höheren evolutionären Ebene ist es noch möglich, daß einigen Tieren ein neuer Schwanz nachwächst, nachdem er ihnen abgeschnitten wurde. Jedoch kann aus diesem abgeschnittenen Teil kein neues Tier nachwachsen. Noch höher entwickelt ist die menschliche Gattung. Ein Mensch ist zwar in der Lage, ein Organ zu regenerieren, aber es ist ihm (normalerweise) nicht möglich, neue Gliedmaßen wachsen zu lassen. Wird ein Körperteil entfernt, dann sind die Funktionsmöglichkeiten unter normalen Umständen eingeschränkt. Gehen wir nun einen Schritt weiter: die menschliche Spezies als Ganzes ist größer, als die Summe ihrer Teile — aber funktioniert äußerst dürftig für jedes Mitglied, das sich vom Rest abtrennt oder jedes Mitglied, welches so kaputt ist, daß es nichts mehr zum Ganzen beiträgt.

Arthur M. Young vertritt in seinem Buch *Der kreative Kosmos* die Idee, daß es im Universum sieben Stufen gibt: sieben Prozesse, sieben Schritte, sieben Ebenen der Freiheit. Die erste Stufe — Licht, Geist und Zielbewußtsein — enthält die größte potentielle Freiheit. Diese entwickelt sich zur zweiten Stufe der Materie auf nuklearer Ebene. Hier befindet sich der Anfang der Beschränkungen und die Freiheit wird vermindert. Auf den nächsten zwei Stufen der Atome bzw. Moleküle werden die Einschränkungen zunehmend größer. Man kann diesen Vorgang als die Verdichtung der Energie von einem Photon zur Masse eines Teilchens ansehen, als das Zusammenstoßen gegensätzlicher Ladungen, um ein Atom zu formen und als das Verschmelzen von Atomen, um ein Molekül zu bilden. Die verbleibenden drei Stufen zeigen ein Anwachsen der Freiheit und ein Verringerung der Zwänge. Stufe fünf wäre die Verknüpfung der Moleküle zur Gestalt der Pflanzen. Stufe sechs wird von den Tieren repräsentiert und die siebte Ebene stellt eine Klasse dar, welcher auch die Menschen zugeordnet werden — obwohl Young meint, daß wir nicht die einzigen Mitglieder dieser Klasse seien. Die siebte Stufe verfügt über die größte tatsächliche Freiheit und wird wiederum durch das Wort Geist charakterisiert.

Jede dieser sieben Ebenen ist von einer unumstößlichen Zielstrebigkeit durchdrungen — der universellen Energie, welche in Bewegung gesetzt wurde, als der Schöpfer sagte: »Es werde Licht«.

Aber während wir alle zwar mit den sechs anderen Stufen verkettet sind, ist man nur auf der siebten Stufe dazu fähig, sich dieser Zielstrebigkeit bewußt zu werden. Nur die Kategorie, zu der die Menschen zählen, kann bewußte Entscheidungen fällen, um Handlungen zur Verwirklichung universeller Ziele durchzuführen.

Was setzt nun die Menschen einen Schritt über die Tiere? Chiron. Chiron war ursprünglich nicht Teil unseres Sonnensystems. Eines Tages trat er in unsere ›Sonnenfamilie‹ ein, und irgendwann wird er diese wieder verlassen. Ich vertrete die Theorie, daß er seine jetzige Bahn einnahm, als die Tiere bereits auf der Erde umherschweiften, jedoch bevor die ersten Menschen geboren wurden. Jede Pflanzen– und Tierart muß irgendwann einen ersten Vertreter gehabt haben. Folglich hat jedes Lebewesen ein Horoskop für die Geburt seiner Spezies, auch wenn wir die Spuren nicht bis zu den Anfängen zurückverfolgen können. Nach meiner Theorie wären deshalb die Menschen die einzigen Lebewesen, welche mit Chiron im Spezies–Geburtsbild zu existieren angefangen hätte. Was die Menschheit als Spezies heraushebt wäre folglich, daß sie mit einem gewissen Extra geboren wurde: Chiron ist das, was uns von den Tieren trennt.

Vergegenwärtigen wir uns den Chiron–Archetypus. Er hat einen menschlichen Oberkörper und einen Pferdeleib. Er ist ein Tier, allerdings eines mit einem besonderen Etwas, nämlich der Fähigkeit, seine verschiedenen tierischen Charakterzüge zu integrieren und sich über diese bis zu dem Punkt zu erheben, an dem er sie völlig beherrscht. Chiron war somit das Vorbild, das zeigte, was aus einem werden kann.

Dann waren die meisten Kentauren auch ein bißchen mehr als nur Tiere. Sie waren unsere andere Seite — das, was uns erwartet, wenn wir Chiron nicht in unser Wesen integrieren und nur gebunden an unsere Fesseln auf den niedrigeren Ebenen von Youngs Modell leben.

Den Hauptschlüssel zum Verständnis Chirons und zum Erkennen der wahren Realität haben wir nun also aufgezeigt. Es ist eine Tatsache, daß wir alle ein großes Ganzes sind. Was auch immer man betrachtet kann in sich selber ein Ganzes sein oder auch nicht. Aber einerlei was man nun gerade im Blickfeld hat, man kann sicher sein, daß es Teil eines größeren Ganzen ist. Und wie man etwas wahrnimmt hängt ganz einfach vom Bezugsrahmen des Denkens zum gegebenen Zeitpunkt ab. Wie Alan Watts schon sagte: »Für das bloße Auge sieht eine weit entfernte Galaxie wie ein kompakter Stern und ein Stück Stahl wie eine beständige und undurchdringliche Masse von Materie aus. Aber wenn wir eine andere Vergrößerungsstufe einstellen, dann nimmt die Galaxie die eindeutige Struktur eines Spiralnebels an und der Stahl erweist sich als ein System elektrischer Impulse, die in relativ leerem Raum herumwirbeln«.

Die Ankunft Chirons wird denjenigen, die wachsen wollen, ungewöhnliche Pforten öffnen. Chiron ermöglicht es, die Brennweite zu verändern, und zwar nicht nur hinsichtlich dessen, wie wir die Welt erfahren, sondern auch in Bezug auf die Selbstwahrnehmung.

Chiros

Unsere heutige Welt ist immer mit der Zeit verfangen. Komme nicht zu spät; stelle deine Uhr; notiere dieses oder jenes in deinem Kalender. Zeit wurde, genauso wie die Realität, immer mit Saturn in Verbindung gebracht. Es sei denn, man spricht über die kommende Zeit; dann wird gelegentlich auch Uranus als der Herrscher über Zukunft in Betracht gezogen. Tatsächlich repräsentieren alle beide bestimmte Gesichtspunkte der Zeit, und sie sind sehr wertvoll als Herrscher der chronologischen Zeit. Die Astrologie selber wäre nicht möglich, wenn man dieses Element der Zeit nicht in Erwägung ziehen würde, und viele andere Aktivitäten wären ebenso undenkbar. In der Bibel heißt es im Buch der Prediger 3: »Alles hat seine Stunde, und es gibt eine Zeit für jegliche Sache unter dem Himmel«.

Chiron jedoch weckt unser Bewußtsein für eine ganz andere Art von Zeit! Diese steht außerhalb von Saturn und Uranus. Wir nennen diese Zeit Chiros.

Greifen wir kurz auf das letzte Kapitel zurück. Dort haben wir gesehen, daß Licht überall ist und alles durchdringt, was existiert. Licht war von dem Moment an, in dem das Universum zum Leben erwachte, vorhanden. Ich brachte die Vermutung nahe, daß sich Licht außerhalb der chronologischen Zeit befindet. Oder anders ausgedrückt, Zeit, wie wir sie kennen, existiert auf der Ebene der Lichtphotonen nicht.

Dieses Grundkonzept ist nicht neu. Dem Heiligen Basil wird der Ausspruch zugeschrieben: »Licht ist von viel allgemeinerer Natur als Zeit, denn Zeit kann man nur in der vernünftigen Welt antreffen.« Die Betonung liegt hier auf dem Wort ›vernünftig‹, welches wahrnehmbar mit den Sinnen oder den Denkkräften bedeutet. Zeit (gemeint ist die chronologische Zeit) hört auf zu existieren, wenn man die Welt der gewöhnlichen fünf Sinne hinter sich läßt.

Aber dem nicht genug. Unser Zeitsinn verändert sich aufgrund verschiedener Dinge, wie etwa dem Gesundheitszustand und selbst die Ernährung spielt eine Rolle. Wenn zum Beispiel unser Stoffwechsel angeregt und unsere Temperatur höher als normal ist, dann kann uns eine Minute auf der Uhr innerlich wie zwei Minuten vorkommen, und wir gewinnen den Eindruck, daß sich die Zeit dahinschleppt. Dies passiert beispielsweise oft bei Fieber. Das Gegenteil tritt ein, wenn man sich des Nachts entspannt, um einzuschlafen. Die Körpertemperatur sinkt und die Zeit kann schneller und schneller vergehen.

Darüberhinaus ist unsere innere Uhr weniger genau, wenn wir uns in einer depressiven Verfassung oder geistigen Instabilität befinden. Wenn wir jedoch glücklich sind, scheinen wir viel eher in der Lage zu sein, die Länge von Ereignissen richtig beurteilen zu können.

Ein weiterer Gesichtspunkt zur Erklärung des persönlichen Zeitgefühls hängt mit dem Teil des Gehirns zusammen, welcher den sensorischen Input aufzeichnet. Wenn wir uns bewußt sind, daß uns eine große Informationsfülle erreicht – wenn die Eingaben komplex oder von großem Umfang sind, dann scheinen die Zeitintervalle viel länger zu sein als gewöhnlich. Und auf diese Weise erinnern wir uns wieder an den Input, wenn wir darauf zurückblicken. Je mehr das Gehirn zu arbeiten hat, umso länger erscheint uns das Intervall, während dessen wir uns der Information ausgesetzt glauben. Wenn wir uns nur an wenig Information erinnern können, dann scheint das Intervall wesentlich kürzer gewesen zu sein.

Die von Uhren gemessene Zeit, auf die wir uns verlassen, um unsere Geschäfte in der materiellen Welt durchzuführen, ist also die von Saturn gelenkte Zeit. Aber Chiron repräsentiert den Zeittypus, der sich jenseits des Chronometers befindet. Chirons Zeit ist nicht mit einer Uhr meßbar, und wahrscheinlich kann man sie überhaupt nicht messen.

Wenn Chiron einen Übergang über einen Radixplaneten vollzieht, dann ergibt sich die Möglichkeit, in diesen Chiros – Zustand einzutreten. Ein Tor öffnet sich, und die Zeit kann einem schwebend erscheinen, während man eine wichtige Entscheidung fällt. In diesen kritischen Momenten kann man sich wirklich in Reichweite eines Wendepunktes befinden. Was während Chiros entschieden wird kann das gesamte Leben verändern.

Der Chiron –Transit ist in sich selbst jedoch neutral. Du bist momentan in › Chiros ‹, die Entscheidung ist aber trotzdem dein freier Wille. Du kannst dich für einen Pfad entscheiden, welcher dich aus irgendwelchen saturnalen Geleisen herausführt; du kannst einen Weg einschlagen, der es dir ermöglicht, ein Ungleichgewicht zu korrigieren; dir bleibt sogar die Wahl, eine Richtung beizubehalten, welche dir eine Verschlechterung der eigenen Lage bringt. Die Entscheidung ist und bleibt immer deine eigene.

Chiron verkörpert die Idee des Jetzt. Die Vergangenheit (Saturn) existiert zwar und wir können von ihr lernen. Die Zukunft (Uranus) wird definitiv kommen und wir können uns auf sie vorbereiten. Aber in Wirklichkeit leben wir nur in der Gegenwart (Chiron). Während du jedes einzelne dieser Wörter liest, befindest du dich in der Gegenwart. Zu dem Zeitpunkt, wenn das Wort dein Gehirn erreicht, haben sich deine Augen schon dem nächsten Wort zugewendet und das erste Wort ist bereits in die Vergangenheit eingegangen.

Aber wieviele Menschen versuchen in der Vergangenheit oder in der Zukunft zu leben und verpassen dadurch die Gegenwart um sich herum? Wieviele spulen ständig alte Bänder mit Vergangenem in ihren Erinnerungen ab, anstatt den Duft der Blumen zu atmen? Oder wieviele sorgen sich aufgrund von erlebten schlechten Erfahrungen um die Zukunft, anstatt die Aufmerksamkeit der Gegenwart zu schenken, aufdaß das Kommende schöner werde? Dies ist eine der Lektionen Chirons: heute zu leben, in dieser Minute, in dieser Sekunde.

Betrachten wir Saturn und Uranus im Sonnensystem. Bei beiden wurde ein Ringsystem festgestellt, und diese Ringe können zu einem Gefängnis werden, wenn wir es zulassen. Aber durch Chiron und mit der Erkenntnis, daß wir nur in der Gegenwart leben, können sich diese Ringe in Linsen verwandeln, welche sowohl die Zukunft als auch die Vergangenheit magisch vergrößern, damit wir beides klarer sehen, wenn es nötig ist.

Erlauben sie mir einen kurzen Rückgriff auf die Mythologie. Chronos (Saturn) herrschte solange über das Universum, bis er von seinem Sohn Jupiter gestürzt wurde. Chiron war Jupiters Halbbruder und lehrte darüberhinaus auch eine sehr wichtige Lektion: Ehre Jupiter mehr als alle anderen Götter. Diese beiden Gesichtspunkte aus der Mythologie lassen sich auf unsere Diskussion über die Zeit anwenden. Als Jupiter Saturn stürzte, war es ein Zeichen von Weisheit, Intelligenz und persönlichem Wachstum, die Diktatur der chronologischen Zeit zu überwinden. Und Chiron sagt uns, daß wir diesen Standpunkt über alles andere hinaus ehren sollen — damit wir uns bewußt werden, daß es nur dann zu Wachstum kommt, wenn man über die von den Sinneserfahrungen aufgebürdeten Beschränkungen hinausgelangt, und wenn man im Jetzt leben kann.

Eine weitere Analogie leitet sich aus Chirons astronomischer Position ab. Die Umlaufbahn Chirons ist mit derjenigen von Uranus in Berührung. Demzufolge hat Chiron Kontakt mit der Zukunft. Weiterhin überkreuzt Chiron sogar die Bahn Saturns und bewegt sich demnach näher an Jupiter heran, als es Saturn je möglich sein kann. Somit wird Chiron von Saturn nicht eingeschränkt, sondern kann sich sowohl innerhalb als auch außerhalb von dessen Planetenbahn befinden und damit auch innerhalb oder außerhalb der chronologischen Zeit. Wenn sich Chiron enger an Jupiter heranbewegt, dann ist dies gleichzeitig auch eine Mahnung, wie wichtig es gerade für unser Wachstum ist, daß wir nicht von Saturn beherrscht werden.

Wie schon erwähnt, eröffnen Chiron-Transite die Möglichkeit, den Augenblick von Chiros zu erfahren. Wenn man lernt, sich auf seinen Radix-Chiron zu konzentrieren, kann man diese Chiros-Momente ebenfalls erwirken, und dadurch erweckt man die diesen Chiros-Phasen innewohnende Kraft zum Leben. Eine gute Methode hierfür besteht darin, das eigene Denken umzuprogrammieren und allzeit in der Gegenwart zu leben. Andere Möglichkeiten, die sich im Laufe der Zeit als sehr erfolgreich herausgestellt haben, wären tiefe Meditation oder das Einssein mit schöner Musik.

Das ganze Leben bietet Möglichkeiten zu Veränderung und Wachstum, jedoch einer der wichtigsten Zeitpunkte hierfür ist die Wiederkehr Chirons auf die Radix–Position. Darauf werden wir im nächsten Kapitel näher eingehen.

Viele Wissenschaftler kamen zu dem Schluß, daß der Alterungsprozeß vom Hypothalamus und von der Hypophyse kontrolliert wird. Sie entnehmen ihre Beweise der Tatsache, daß der Hypothalamus die Freisetzung der Hormone steuert, und daß dieser Prozeß mit zunehmendem Alter immer unregelmäßiger wird. Selbst die Immunzellen des Körpers werden hiervon beeinflußt, denn sie werden nicht nur bei der Bekämpfung der Körperfeinde zusehends unwirksam, sondern sie geraten tatsächlich allmählich so durcheinander, daß sie sich genau gegen die Zellen richten, die sie eigentlich beschützen sollten. (Darauf werden wir ausführlich eingehen, wenn wir Chiron im Zusammenhang mit der Gesundheit betrachten.)

Eine der Hauptfolgen dieses Alterungsprozesses ist das Absinken der Rate des Sauerstoffverbrauchs im Körper, was eine Verlangsamung des Stoffwechsels zur Folge hat. Wie schon beschrieben, bedeutet ein schnellerer Stoffwechsel, daß die Zeit langsamer vergeht, und dies ist der Grund, warum die Zeit für ein kleines Kind ewig zu sein scheint. Andererseits bedeutet dies aber auch, daß sich die Zeit schneller und schneller fortzubewegen scheint, wenn man älter wird und der Stoffwechsel sich verlangsamt.

Die Lösung, oder wenigstens einen Teil davon bringt uns Chiron. Lebe im Jetzt, in der Gegenwart. Wenn du nicht dem saturnalen Bewußtsein unterworfen bist, dann wird dein Zeitgefühl nicht durch deinen Körperzustand und den Stoffwechsel geformt. Werde nicht ein saturnaler alter Mann oder ein saturnisches altes Weib — werde ein chironisches Wesen, welches im ewigen Jetzt lebt.

Die Wiederkehr Chirons

Chiron hat eine außergewöhnliche Umlaufbahn und es ist bekannt, daß sie sich von Zeit zu Zeit ändert. In der Vergangenheit schwankte die Umlaufzeit zwischen 46 und 52 Jahren. Gegenwärtig dauert ein Zyklus ungefähr 51 Jahre. Über viele Jahrhunderte hinweg gesehen pendelt sich die Umlaufzeit auf durchschnittlich 49 Jahre ein. Ich möchte die Wiederkehr Chirons in dreierlei Hinsicht erörtern: erstens in Bezug auf den Durchschnittswert von 49 Jahren, dann vom Standpunkt der gegenwärtigen Zyklen aus und schließlich unter generellen Kriterien, gleichgültig wie lange die Umlaufzeit ist.

Jeder, der schon mit Astrologie zu tun hatte, und sei es nur für kurze Zeit, wird wissen, wie wichtig die Zahl 7 ist. Ungefähr im Alter von sieben Jahren erlebt das Kind sein erstes Saturn/Saturn – Quadrat und nach jeweils sieben weiteren Jahren steht der Saturn erneut in einem Spannungsaspekt zur Radixposition. Im Alter von ungefähr 28 Jahren (4x7) findet bei jedem die Saturn – Revolution statt und diese repräsentiert einen wichtigen Zyklus für das Archetypische im Menschen. (Da die Umlaufbahn bei jeden Zyklus etwas variiert, und da es Perioden scheinbarer Rückläufigkeit gibt, kommt Saturn nicht auf den Tag genau an seine Geburtsposition zurück, sondern weicht bei jedem Menschen und bei jedem Zyklus etwas ab.)

Die Umlaufzeit des Uranus liegt bei 84 Jahren, dies verkörpert die Symbolik von 7x12. Wiederum muß gesagt werden, daß er nicht haarscharf nach 84 Jahren zu seiner Ausgangsposition zurückgelangt — aber 84 erfaßt den Archetypus.

Chirons Planetenbahn läßt sich archetypisch durch die Zahlen 7x7 darstellen. Hierzu gibt es viele symbolische Ebenen. Obwohl Numerologie außerhalb der Intention dieses Buches liegt, sind es einige Punkte dennoch wert, hier angesprochen zu werden.

Bei Saturn finden wir zunächst die Zahl 4, welche mit der Grundziffer 7 multipliziert wird, um auf die Umlaufzeit zu kommen. Bei Uranus ist es 3x4, was wiederum mit derselben Grundzahl multipliziert wird. Für Chiron gilt 3+4 mal die Basiszahl 7. Die Zahlen 3 und 4 werden bei Chiron also miteinander verschmolzen, um zu einer neuen Ziffer zu kommen. Dies unterscheidet sich von Uranus, bei dem sich 3 und 4 einfach gegenseitig durch die Multiplikation auf eine neue Stufe heben.

Nicht nur das, denn bei Chiron haben wir die einmalige Situation, daß die Zahl sieben mit sich selber potenziert wird — womit die Zahl 7 insgesamt auf eine höhere Ebene gestellt wird. Ich werde die weitere Numerologie dieser Zahlen denjenigen überlassen, die sich zu dieser Methode hingezogen fühlen.

Ich möchte jedoch einige generelle Bemerkungen zu den Menschen in diesem Alter machen. Aristoteles sagte in seiner *Rhetorik*: »Der Körper befindet sich im Alter zwischen 30 und 35 Jahren in Bestform. Der Verstand ist im Alter von 49 Jahren auf seinem Höhepunkt«. Ich stimme mit ihm in gewisser Weise überein. Beziehen wir dieses Aussage auf den typischen Mensch, dann kommt sie der Wahrheit sehr nahe. Aber für diejenigen, welche die Bedeutung von Chiron wirklich umfassend begreifen, muß der Verstand noch viele, viele weitere Jahre seine Höchstform beibehalten. Mehr dazu in Kürze.

Um das 50. Lebensjahr herum ist normalerweise eine Zeitspanne, in welcher in alten Freundschaften ein wärmerer Kontakt gepflegt wird und in der diese mehr wert zu sein scheinen als früher. Der schroffe Umgang mit Kollegen, der durch jahrelange Konkurrenz hervorgerufen wurde, beginnt sich ab diesem Zeitpunkt zu besänftigen. Selbst Schwierigkeiten mit Verwandten nehmen jetzt allmählich ab. Physisch gesehen wird der Körper kürzer. Beim Mann kommt es zu einem bezeichnenden Rückgang des Testosteronspiegels. Bei den Frauen tritt die Menopause zwischen dem 45. und dem 55. Lebensjahr ein, aber am häufigsten ist dies mit 51 Jahren. Insgesamt erhebt sich in dieser Phase das Gefühl, daß man seine Persönlichkeit vollständig geformt hat. Oder wie schon Orwell schrieb: »Mit fünfzig hat jeder das Gesicht, das er verdient«.

Die Wiederkehr Chirons fällt gegenwärtig bemerkenswert genau mit dem Zeitpunkt zusammen, wenn die Sonne progressiv ein Septil (1/7 des Tierkreises bzw. 51°25'43") zu ihrer Natal–Position bildet. Da ich stark daran glaube, daß allen Übereinstimmungen eine Bedeutung zugrunde liegt, meine ich, daß es eine Verbindung zwischen der Bedeutung des Septils und der Entdeckung Chirons geben muß, da seine Umlaufbahn eine Parallele zu diesem Aspekt aufweist. Ich versuche nun aufzuhellen, wie ich das Septil verstehe.

Wenn ein Planet, sei es als Transit oder als Progression, im Septil zu irgendeinem Punkt im Grundhoroskop steht, dann übt er einen gewissen Zwang auf den Radix–Planeten aus. Es entsteht ein Gefühl von Schicksal — von einer rein persönlichen Bestimmung, welche sich der eigenen kleinen Welt überordnet. Falls es sich um eine Progression handelt, dann kommt der Zwang mit dem Bedürfnis zusammen, die zwei Planeten zu verknüpfen und im Radix–Planeten eine Veränderung herbeizuführen, welche ihn unter Einsatz der Energien des progressiven Planeten weiter entwickelt. Steht nun die Sonne progressiv im Septil zu sich selber, dann entsteht das Bedürfnis, eine permanente Veränderung herbeizuführen oder jede Blockade im Selbstbild bzw. in den Lebenszielen zu beseitigen. Es ist, als ob man sagen würde: »O.K., ich hatte viele verschiedene Erfahrungen. Ich weiß nun recht gut, wer ich bin und was ich für den Rest meines Lebens will. Nun muß ich wichtige Entscheidungen fällen über all das, was ich verändern möchte und ich muß den Lebensplan, den ich vor mir habe, für den Rest meines Lebens verfolgen«.

Der obige Absatz enthält etliche Punkte, die sich direkt auf die Wiederkehr Chirons beziehen. Für viele Menschen ist dies eine Zeit des Schicksals und der Vorsätze, aber ebenso auch eine Phase wichtiger Entscheidungen. Und was sich bei der Chiron–Revolution ereignet, bestimmt den Kurs für den ganzen Rest des Lebens.

Aber um diesen Lebensabschnitt wirklich verstehen zu können, muß man zuerst zurückgehen und ein wenig von Chirons Bedeutung zum Zeitpunkt der Geburt begreifen.

Bei der Geburt sind die Eltern (und ebenso alle anderen Menschen auf der Welt) in bestimmte Probleme verwickelt, welche direkt aus dem Zeichen herrühren, welches Chiron gerade duchläuft. Die Hemmnisse, welche sie zu bewältigen versuchen, sind von größerem Ausmaß und beschäftigen den Großteil ihres Denkens vorrangig. Bei diesen Beschränkungen kann es sich um Dinge handeln, die man zu lange vor sich hintreiben ließ und auf die man nun achtgeben muß — oder sie könnten das Ergebnis von allgemeinen Veränderungen sein, welche eine Umstrukturierung und Neudefinition von Werten und Situationen erfordern. Wie auch immer die Probleme gelagert sind, man muß sich damit auseinandersetzen.

Selbstverständlich ist jede Familie anders, sodaß die individuellen Probleme, denen sie sich gegenübergestellt sieht, unterschiedliche Färbungen von dem jeweiligen Zeichen Chirons annehmen. Wenn zum Beispiel eine arme Familie während der Wirtschaftskrise ums Überleben kämpfte, dann strich Chiron im Stier den Selbsterhaltungstrieb dieses Zeichens heraus. Eine wohlhabende Familie wurde in jener Zeit dagegen mit ganz anderen Gesichtspunkten des Zeichens Stier konfrontiert.

Der gemeinsame Nenner des Chiron–Zeichens liegt jedoch in dem, was die Eltern hauptsächlich beschäftigt. Was geschieht ist folgendes: dem Geist des Kindes wird die Vorrangigkeit dieser speziellen Probleme eingeprägt. Das Kind erkennt nicht, daß es später anderen Problemen ins Auge sehen muß, welche von gleicher, wenn nicht gar von größerer Bedeutung sein können. Da Papa und Mama so sehr von dem beansprucht sind, was sich zum Zeitraum der Geburt abspielt, wird im Kind die Vorstellung geprägt, daß das Lösen dieser Probleme Priorität hat. Das Kind lernt, daß ihm beim Überwinden irgendwelcher Schwierigkeiten in diesen Bereichen nichts im

Wege stehen darf. Dies wird schließlich zu einem tief verwurzelten persönlichen Imperativ, der dem Kind ein ganzes Leben lang anhaftet.

Während das Kind heranwächst wandert Chiron durch alle nachfolgenden Zeichen und damit auch gleichzeitig durch alle Felder des Horoskopes. Das Kind muß sich mit allen neu auftretenden Problemen, welche teilweise aus ganz unbekannten und unerwarteten Richtungen an es herantreten, auseinandersetzen. Jedes erstmalige Problem, das gelöst wird, vermittelt dem sich entwickelnden Individuum frische Erfahrungen und dient dazu, die Fähigkeiten der Problembewältigung zu stärken. Nichtsdestoweniger behält der betreffende Mensch während jeder weiteren Lernerfahrung den ursprünglichen persönlichen Imperativ bei. Wenn Chiron in einen Spannungsaspekt mit seiner Radix–Position tritt, dann lernt der Horoskopeigner, daß auch andere Probleme dringlich sind. Aber der persönliche Imperativ wird niemals verändert, nur manchmal angepaßt oder neu in den Mittelpunkt gerückt.

Wenn die Chiron–Revolution schließlich heranrückt, dann hat der Geborene schon jeden möglichen Chiron/Chiron–Aspekt erlebt, außerdem hat Chiron jedes Zeichen und jedes Feld durchlaufen. Man hatte mit Chiron schon aus jeder erdenklichen Richtung und Perspektive zu tun. Hoffentlich hat der Betreffende aus all diesen Erfahrungen viel fürs Leben gelernt, denn zurückliegende Chiron–Zyklus ist eine Quelle für sehr viele Lektionen gewesen.

Kommt Chiron schließlich auf seine Natal–Position zurück, dann kann dies einen evolutionären Sprung auslösen. Die betreffende Person kann nun › abheben ‹ und ihre Bestimmung auf der Erde erfüllen. Aber für viele ist dies zu schwierig und es kommt soweit.

Genauso wie damals bei der Geburt ringt die Welt zur Zeit der individuellen Chiron–Revolution wiederum mit Problemen, die in Bezug zu seiner gegenwärtig aktuellen Zeichenposition stehen. Rund um sich herum kann man Freunde und Nachbarn mit Ängsten in diesen Bereichen sehen; Journalisten diskutieren damit zusammenhängende Streitfragen; Mitarbeiter sprechen von Schwierigkeiten in diesen Angelegenheiten. Mit anderen Worten, zum Zeitpunkt der Chiron–Wiederkehr trifft der Horoskopeigner gewissermaßen zu Hause ein. Womit man sich ein Leben lang herumgeschlagen hat, was man sich zu lernen bemühte, wovon man sich erlösen wollte, genau das plagt nun jeden in der eigenen Umgebung. Was soll man tun?

Immer, wenn Chiron sich in einem Transit befindet, dann kann der Horoskopträger wenigstens für einen kurzen Moment Chiros — die Zeit außerhalb der chronologischen Zeit — betreten. Bei der Wiederkehr Chirons unterliegt dies nicht mehr länger nur dem freien Entscheidungswillen — die Person fühlt sich in Chiros hineingezwungen, es kann nureinmal sein, es kann aber auch öfters sein. Diese Augenblicke halten möglicherweise zwar nur kurzfristig, aber sie sind unumgänglich.

Der betreffende Mensch sieht sich um und erkennt, daß die Anderen genau diese Probleme zu bewältigen versuchen, mit denen er sich Zeit seines Lebens abgemüht hat. Die Menschen wirken verstört, perplex und verwirrt. Aber für denjenigen, der gerade die Chiron – Revolution erlebt, scheinen viele der Antworten auf der Hand zu liegen und die meisten der Probleme mit Leichtigkeit lösbar zu sein.

Nun zu Chiros. Die wichtige Entscheidungszeit. Sollte man den anderen mit dem, was man gelernt hat helfen? Sollte man ein Guru, ein Lehrer oder gar ein Erzieher für die Jüngeren werden? Sollte die Person mit der Chiron-Wiederkehr anfangen, andere zu beraten? Oder sollte der Betreffende versuchen, Profit aus seinem Wissen und aus seiner Erfahrung zu schlagen und Informationen verkaufen? Oder sollte man sich vielleicht verschließen und zurückziehen und nicht einmal den Versuch unternehmen, anderen zu helfen?

Ganz einerlei wie man bis dato gelebt hat, ja sogar wenn man ein völlig selbstsüchtiges oder materialistisches Dasein geführt hat, jetzt kann man jenen evolutionären Sprung wagen. Zu beachten ist das Wörtchen »kann«. Man hat in Chiros den größeren freien Willen als während der gewöhnlichen chronologischen Zeit — aber man muß noch immer selbst die Wahl treffen.

Für einige Menschen ist die Wiederkehr in persönlicher Hinsicht eine sehr kritische Zeit. Sie können in eine schwere Krankheit oder eine ernsthafte Lebenskrise geraten. Aber selbst wenn die Chiron – Revolution mit einer derartigen Gewalt auftritt, der Zweck bleibt immer derselbe: die Krise bietet die größte Möglichkeit, um eine wesentliche Entscheidung zu fällen. Aus solchen Krisen erwächst eine große Bewußtheit und die Fähigkeit, ein begabter Lehrer oder sogar ein Heiler zu werden.

Selbstverständlich hat die ganze Geschichte damit noch kein Ende. Nur ein paar Jahre später steht derselben Person die zweite Saturn – Revolution bevor. Was bei der Wiederkehr Chirons geschah markiert oft die Richtung für das, was sich bei der zweiten Saturn – Revolution abspielt.

Um dies noch einmal zu verdeutlichen: Wenn man bei der Chiron – Revolution den Sprung geschafft und die Früchte seiner Erfahrung mit denen geteilt hat, die ihrer bedürfen, dann kann die Saturn – Revolution als der Abschluß eines alten und gleichzeitig als der Beginn eines neuen Kapitels angesehen werden. Man fühlt sich, als hätte man eine Stufe erklommen und man betrachtet das Leben als wahrhaftig großartig.

Aber wenn man bei der Chiron – Revolution nicht eine Sprosse nach oben geklettert ist und sich für einen Pfad der Selbstsucht anstatt eines Lichtpfades entschieden hat, und wenn sich an diesem Kurs zwischenzeitlich nichts änderte, dann wird man die zweite Saturn – Revolution generell als eine große Last erfahren und als den Punkt, von dem aus es anfängt, bergab zu gehen.

Aber wie ich schon am Ende des vorigen Kapitels sagte: »Wenn du nicht dem saturnalen Bewußtsein unterworfen bist, dann wird dein Zeitgefühl nicht durch deinen Körperzustand und den Stoffwechsel geformt«. Dies sollte einem sagen, daß man bei der Chiron – Wiederkehr an der Entwicklung eines Bewußtseins von Chiros arbeiten muß, und daß man im *Jetzt* zu leben lernen sollte, damit die Jahre nach der Saturn – Revolution eine Zeit der wahren Erfüllung und nicht des Verfalls werden.

Zur Zeit der Chiron – Wiederkehr können sich einige Leute ihren Mitmenschen gegenüber ziemlich überlegen und selbstherrlich benehmen. »Sieh' an, wie ich schon immer gesagt hatte«, könnte ihre Einstellung lauten. Oder sie meinen, alles zu wissen, was in Zusammenhang mit Chirons Radixzeichen steht. Diese Personen hört man gerne sagen: »Nun, du **mußt** es so machen«. Aber diese Geisteshaltung führt nicht zu dem entscheidenden Schritt nach oben. Sie trägt eher dazu bei, die Mitmenschen, denen man gerade helfen möchte, zu irritieren.

Zu den positiven Aspekten dieses Lebensabschnittes gelangt man, indem man die höhere Oktave jener zwei Zeichen miteinander verknüpft, welche häufig mit Chiron in Beziehung gebracht werden: Waage (diejenigen, denen man hilft, als Gleichberechtigte und nicht als Untergebene wahrnehmen und jede Lehrerfahrung auch als Lernerfahrung betrachten) und Schütze (das Teilen von Wissen und Weisheit, die man erlangt hat; der Versuch, die wahre Bedeutung jeder Erfahrung mitzuteilen und der Wunsch, das, was in den Köpfen anderer Leute vorgeht, zu verstehen). Vermutlich können wir nicht sagen, daß Chiron in einem dieser Zeichen oder überhaupt irgendeinem anderen herrscht. Aber es gibt eine deutliche Affinität zwischen Chiron und den Zeichen Waage bzw. Schütze.

Unseren Vorfahren war der Zusammenhang zwischen der Befreiung von Saturn und der Zeit um das 50. Lebensjahr herum deutlich bewußt. Im Alten Testament finden wir im Dritten Buch Moses 25,8 – 11 die folgende Stelle: »Zähle dir sieben Sabbatjahre, also sieben mal sieben Jahre, so ergeben sich, als Zeit der sieben Sabbatjahre, neunundvierzig Jahre. Dann sollst du im siebten Monat am zehnten Monatstag die Posaune ertönen lassen; am Versöhnungstag sollt ihr in eurem ganzen Land eine Posaune ertönen lassen. Ihr sollt das fünfzigste Jahr weihen und sollt Freilassung im Land für alle seine Bewohner verkünden! Es soll euch das Jubeljahr sein! Ein jeder soll sein Besitztum wieder erhalten und ein jeder zu seiner Sippe zurückkehren. Ein Jubeljahr soll das fünfzigste Jahr für euch sein...«. Wie man sieht, wurden die Sklaven alle fünfzig Jahre entlassen und Freiheit wurde damit zu einem Hauptfaktor.

Ebenso tritt die Möglichkeit, Freiheit von der saturnalen Vergangenheit und Freiheit über die uranische Zukunft zu erlangen mit etwa 50 Jahren in das Leben jedes Menschen: bei der Chiron – Revolution. Es sei denn, man hat sich den Prinzipien Chirons gegenüber schon vor der Revolution geöffnet und sie in sich aufgenommen.

Wo auch immer der Radix – Chiron steht, man neigt dazu, sich keiner Gruppe oder Partei anzuschließen und nur seinen eigenen beispiellosen Weg zu verfolgen. So wird man feststellen, daß sich die Ereignisse und Umstände auf den eigenen Weg konzentrieren und den individualistischen Zugang zu den Erlebnisebenen von Chirons Radix – Feld anregen. Damit erschließt Chiron, der Türöffner, einem das eigene Schicksal. Die Chiron-Revolution bringt einem oft die eigene einzigartige Bestimmung ins Bewußtsein.

Es kann sich um eine Zeit großer Kraft handeln. Man kann jetzt die meisten frustrierenden Beschränkungen und die gröbsten den Geist abstumpfenden Hindernisse überwinden. Das Feld, in welchem Chiron steht, verweist auf den Bereich, aus welchem die in der Anlage vorhandene Kraft gezogen werden kann und während der Chiron – Wiederkehr steht einem das größte Potential zum Kontrollieren und Benützen dieser Kraft zur Verfügung. Chiron wird oft als ein Mittel verstanden, mit dem sich die Kraft dieses Radix – Feldes anzapfen läßt und bei der Revolution existiert die Möglichkeit, den Zapfhahn ganz weit aufzudrehen.

Aber man muß sorgfältig überlegen, wie man diese Kraft handhaben möchte. Der vermutlich beste Weg ist der folgende:

1. Überlege genau, in welcher Weise du zugelassen hast, daß Saturn dich einschränken konnte. Inwieweit hast du dir hinter einer Mauer Schutz verschafft, damit du dich nicht in die Welt hinauswagen mußtest? Wo hast du Chancen zur Veränderung ignoriert oder unterdrückt?

2.Halte nach Methoden Ausschau, mit denen du wirksame Schritte aus deinen Mauern heraus einleiten kannst — sie werden dir bei der Chiron – Revolution begegnen.

3.Suche nach Möglichkeiten, um für andere eine wirkliche Hilfe zu sein, damit sie von deiner Erfahrung profitieren können. Aber unternimm es mit Licht und nicht mit Gewalt oder Ego.

4.Vor allen Dingen aber, lerne im Jetzt zu leben. Wenn Chiron mit dem universellen Licht verbunden ist, und wenn dieses Licht vom Schöpfer aller Dinge kommt, dann muß es in Vergangenheit, Gegenwart und Zukunft existieren. Wenn du für das Heute lebst, dann werden Vergangenes und Zukünftiges auf sich selber achten.

Hier ein paar Beispiele für Menschen, die bei der Chiron – Revolution einen gewaltigen Schritt nach vorne geschafft haben. William Booth gründete die Heilsarmee. Harold Carter öffnete das Grab von Tutenchamun, was als der größte Fund in der Geschichte der Archäologie gilt. George Stephenson eröffnete die Bahnstrecke für Personenzüge. Charles Darwin publizierte *Über den Ursprung der Arten durch natürliche Auslese*. Henry Ford führte in seiner Fabrik das Fließband ein. Henry Kissinger wurde Staatsminister und erhielt den Friedensnobelpreis. Gerhard Schmatz bestieg als bislang ältester Mensch den Mount Everest. Samuel Cunard gründete die erste transatlantische Dampfschifflinie. William Faulkner gewann den Nobelpreis für Literatur. Ernest Heinkel gelang der erste erfolgreiche Flug mit einem Düsenflugzeug.

Zum Abschluß dieses Kapitels muß ich noch betonen, daß es für diejenigen, welche die Chiron – Revolution zwar hinter sich, die aber keinen größeren Sprung geschafft haben, noch nicht vorbei ist. Die Lektionen von Chiron können in jedem Alter gelernt werden. Der erste Schritt ist, zu versuchen, mit seiner eigenen Chiron – Qualität vertraut zu werden, als nächster Schritt folgt, die Bedeutung von Chiros zu lernen. Wenn man versteht, in der Gegenwart zu leben, dann wird das Alter aufhören, ein Faktor zu sein.

Mythen

In der griechischen und römischen Mythologie wird die Abstammung der verschiedenen Göttinnen und Götter auf die Vereinigung von Uranus (Himmel) mit Gaia (Erde) zurückgeführt. Vielleicht repräsentiert dies die Kreativität, welche einer geerdeten Spiritualität entspringt.

Wie dem auch sei, Saturn war ein Sprößling aus dieser Verbindung. Als Abkömmlinge aus seiner Ehe mit Rhea wurden die Kinder Jupiter, Neptun, Pluto, Ceres, Juno und Vesta geboren. Saturn hatte eine Affäre mit einer Nymphe, was ganz typisch in der Götterwelt war, und zeugte Chiron.

Wie dem Leser vielleicht bekannt ist, wurde Saturn von Jupiter gestürzt, genauso wie Saturn ehedem Uranus entthront hatte. Chiron verlor niemals den Respekt vor seinem Halbbruder und als Jupiter die Führung über die Götter an sich riß, lehrte Chiron seinen Schülern den Grundsatz: »Ehre Jupiter mehr als alle anderen«. Und Jupiter hatte genauso viel Achtung vor Chiron.

Ein weiterer wichtiger Aspekt aus der Mythologie ist die Geschichte von Prometheus. Ich verzichte auf die detaillierte Beschreibung der Verbrechen von Prometheus, da sich diese nicht direkt mit Chiron in Verbindung bringen lassen. Aber seine Strafe steht in eindeutigem Bezug zu unserem Thema.

Prometheus wurde an den Felsen des Kaukasus geschmiedet, wo ihm täglich ein Adler die Leber ausriß. Über Nacht wuchs die Leber wieder nach, sodaß sich seine Qualen Tag für Tag wiederholten. Chiron verletzte sich seinen Fuß, und da die Wunde nicht heilte, litt er unter ständigen Schmerzen. Da beide unsterblich waren, konnte keiner von beiden seine Leiden durch den Tod beenden.

Aber Chiron appellierte an Jupiter, Prometheus zu verschonen und bot an, selber zu sterben, wenn dieser befreit werden würde. Jupiter sorgte dafür, daß dies geschah, und um den geliebten Chiron zu ehren, plazierte er den Kentauer als eine Sternkostellation ans Firmament.

Diese Mythen sind sehr aufschlußreich, vor allem da es einen Bezug zu Chirons Umlaufbahn in unserem Sonnensystem gibt. Hier sind einige Ideen, welche Nahrung zu eigenen Gedanken geben können.

Ein möglicher Weg zur Betrachtung der Mythen liegt darin, diese mit dem archetypischen Werdegang des Menschen von der Geburt bis zum

Erwachsensein zu verknüpfen. Mit diesem Gedanken im Hinterkopf würde die Verbindung von Gaia und Uranus die Vereinigung repräsentieren, welche zur Empfängnis des Kindes führte. Diese würde auch auf jene Seiten der Eltern verweisen, die das Kind zwar nicht wahrnehmen kann, welche die Eltern jedoch in sich gegenseitig gesehen haben könnten. Nichtsdestoweniger üben diese einen Einfluß auf die Formung des kindlichen Charakters aus.

Uranus wird gestürzt und Saturn gewinnt an Dominanz. Solange das Kind noch klein ist, gilt der Planet Saturn in den meisten Fällen als das Hauptsymbol für den männlichen Elternteil. Der Mond repräsentiert die Mutter, so wie sie vom Kind empfunden wird — aber nicht zwangsläufig, wie sie vom Vater wahrgenommen wird. (Hierfür wende man sich am bestem dem Asteroiden Rhea im Horoskop zu.)

Das Kind beginnt zu wachsen und selbständig zu denken, stellt den Eltern Fragen und entwickelt seine eigene Philosophie. Dies ist der Beginn der Rebellion, welche in der Mythologie durch den Krieg zwischen Jupiter und Saturn symbolisiert wird. Bei dieser Auseinandersetzung stand Prometheus übrigens an der Seite von Jupiter, wodurch er sich dessen Wohlgefallen verdiente, obwohl er wie Saturn auch ein Titan war. Dies repräsentiert den Anfangspunkt der individuellen Persönlichkeit im Kind.

Nach dem Krieg wurde Prometheus zum Hauptberater von Jupiter, was die wachsende Bedeutung der Individualität beim Heranwachsenden andeutet.

Aber das Kind wird zusehends von den Eltern unabhängig. Es lernt zwar langsam aber sicher, Saturn auf seinen Platz zu stellen, aber der Thron Saturns existiert noch nach wie vor. Er wird nun lediglich von Jupiter besetzt. Das Kind sieht in den Eltern nicht mehr die absoluten Götter, aber es hält noch an den schützenden Bildern fest, welche es von ihnen hatte, auch wenn es rebelliert. Dies wird dadurch symbolisiert, daß Jupiter sich mehr und mehr über Prometheus ärgerte, weil dieser der Menschheit alle möglichen Dinge lehrte, weshalb diese zusehends immer weniger von den Göttern abhängig wurde. An diesem Punkt hat der Jugendliche den eigenen Jupiter noch nicht voll entwickelt, versucht aber noch immer, die Eltern auf den zentralen Thron zu heben.

Nun wird der wichtigste Wendepunkt in der Eltern/Kind-Beziehung aktuell. Im Mythos stiehlt Prometheus das kosmische Feuer von den Göttern und übergibt es der Menschheit. Dieses kosmische Feuer — der schöpferische Funke des Universums — bedeutete, daß die Menschen nun von den Göttern unabhängig waren. Auf den Jugendlichen bezogen heißt dies, daß ein Zeitpunkt kommt, von dem ab er völlig eigenständig handeln muß und die persönliche Unabhängigkeit erklären muß.

Jupiter ist zutiefst empört. Die Eltern sind wütend und das Kind findet, daß es nahezu unmöglich ist, sein Bild von ihnen als zentrale Leitfiguren aufrecht zu erhalten.

Jupiter kettet Prometheus an den Felsen. Beachte die Symbolik in dem Bild von dem Adler, der die Leber herauspickt, denn es gibt eine Analogie zwischen der Leber und dem Planet Jupiter. Jupiter demonstriert seine Macht und zeigt, daß er noch alles unter Kontrolle hat. Die Auseinandersetzung mit den Eltern spitzt sich zu.

Chiron befreit Prometheus. Dies ist der Punkt, an dem man das Erwachsenenalter erreicht. In einigen Familien kann dies zu einem gewaltsamen Bruch zwischen Eltern und Kind führen. Oder aber es kristallisiert sich ein gegenseitiges Einverständnis heraus. Aber der Heranwachsende ist nun von Neuem geboren — als eine unabhängige Persönlichkeit.

Bevor Chiron sein Leben hingibt, lehrt er, daß Jupiter über alles geehrt werden muß. Nachdem Prometheus wieder in Freiheit ist, wird er erneut ein enger Verbündeter Jupiters. Dies ist dann der Fall, wenn das Kind sich mit seinem Jupiter auf guten Fuße stellt, ihn zu seinem eigenen inneren Führer macht und in ihm weiterhin nicht mehr nur den verlängerten Arm der Eltern sieht. Hoffentlich schließt der Heranwachsende in dieser Phase Frieden mit seinen Eltern, oder wenigstens mit den Bildern, welche er von seinen Eltern im Kopf hat.

Selbstverständlich hatte sowohl Prometheus als auch Chiron zuerst Schmerzen zu erdulden, denn wahres Wachstum kann nur durch Schmerzen und Leiden gedeihen.

Das Alter, in welchem es zu den einzelnen Schritten kommt, variiert von Mensch zu Mensch. Einige gelangen niemals in dieses letzte Stadium. Manche schließen nie Frieden mit ihren Eltern, oder erst, nachdem diese gestorben sind. Wieder andere bleiben in früheren Stadien stecken. Es sollte die Aufgabe des Astrologen sein, jedem Menschen aus dieser Stockung herauszuhelfen und ihn auf die Befreiung des Prometheus hinführen.

Als Chiron stirbt wird er in Ehren an den Sternenhimmel plaziert, wo er immer sichtbar ist und wo man ihn um Führung ersuchen kann. Lange nachdem man befreit ist, kann man sich noch immer an Chiron zwecks Hilfe und Führung wenden.

Werfen wir nun einen Blick auf Chirons Umlaufbahn, und zwar im Hinblick auf die Mythologie. Zunächst beginnt Chiron jeden Zyklus, wenn er sich im Perihel, also der größten Sonnennähe befindet. Zu diesem Zeitpunkt befindet er sich näher an der Jupiterbahn, als es für Saturn jemals möglich sein kann. Wir können gewissermaßen sagen, daß Chiron mit Jupiter in Rücksprache tritt und ihm die Führung übermittelt, die er braucht. Ebenso nimmt er jede Botschaft an, die Jupiter den anderen Göttern mitteilen möchte.

Chiron kreuzt die Saturnbahn und bewegt sich nach außen. Mit Chirons

Hilfe wird Jupiter zur dominierenden Kraft im Sonnensystem, denn seine Botschaft gelangt über Saturn hinaus und wird nicht von dessen Limits gestoppt. Dies verweist Saturn auf seinen Platz.

Sodann bewegt sich Chiron bis zur Bahn des Uranus und streift sie. Dies repräsentiert für mich die Befreiung des Prometheus. Zahlreiche Autoren haben angeregt, daß man den Planeten Uranus eigentlich Prometheus taufen sollte. Ich möchte folgenden Vorschlag unterbreiten: Wenn er sich auf das frühe Leben des Kindes, dessen Herkunft oder dessen Schöpfungen bezieht, dann ist Uranus der geeignete Name. Aber wenn das Kind das Erwachsenenalter erreicht, dann ist Prometheus der passendere Begriff für diesen Planeten.

Nachdem Chiron Prometheus befreit hat, schwenkt er wieder zu Saturn zurück. Dies steht sinnbildlich für dessen Tod, denn Saturn wurde in tiefe Höhlen unter der Erdoberfläche delegiert. Schließlich erreicht Chiron wieder das Perihel und Jupiter weist ihm seinen Platz unter den Sternen zu.

In dieser letzten Idee finden wir einen Wink auf die Zukunft des Planeten Chiron. Er wird eines Tages gezwungen werden, das Solarsystem zu verlassen und zu den Sternen zurückzukehren, von wo er herkam, als er durch Störungen aus seiner Bahn geworfen wurde.

Die Umlaufzeit Chirons beträgt durchschnittlich 49 Jahre. Wie schon oben ausgeführt, erkannte man bereits im Alten Testament, daß alle 50 Jahre die Zeit kam, um im ganzen Land die Freiheit zu proklamieren. Dies steht mit der Befreiung des Prometheus, die einmal während jedes Chiron–Zyklus stattfindet, in Einklang.

Einige andere Gesichtspunkte aus der Mythologie sind gleichfalls bedeutsam. Chiron bestand aus der oberen Hälfte eines Menschen und der unteren Hälfte eines Pferdes — der Mensch, welcher sich oben erhebt und seine animalische Natur kontrolliert; durch die Verschmelzung beider Teile verkörperte Chiron die Kraft, welche die beiden Potentialen am besten förderte.

Chiron war ein großer Lehrer, der die Überlebensfähigkeit, aber auch Heilen und Musik unterrichtete. Kenneth Negus sagt: »Eine der Hauptrollen Chirons war, Unterricht im Spielen der Kithara zu erteilen — einem Saiteninstrument, welches eng mit der Lyra verwandt ist«. Chiron lehrte die Musik nicht nur um ihrer selbst willen, er tat dies vielmehr, damit seine Schüler vollkommener werden konnten, und damit sie andere heilen konnten.

Chiron war auch bekannt für seine Lehren über den Umgang mit Kräutern und anderen natürlichen Substanzen, durch die man Heilung und eine größere Einheit mit dem Universum herbeiführen konnte. Er hatte sogar seine eigene Heilpflanze, welcher er vor allen anderen Kräuter den Vorzug gab: das Tausengüldenkraut (engl.*centaury*).

Beinahe alle großen Helden der Mythologie wurden irgendwann von Chiron ausgebildet. Er zog sich mit ihnen in seine Höhle zurück und der Schüler kam erst dann wieder heraus, wenn er bereit war, der Welt entgegenzutreten. Für denjenigen in der Höhle hörte die Zeit, so wie wir sie kennen, auf zu existieren. Folglich führt Chiron seine Schüler zu einer Welt des inneren Erlebens, weg von der Welt der alltäglichen Sinne, und nimmt sie mit dorthin, wo Chiros anstelle der chronologischen Zeit regiert.

Im Jahre 1981 schrieb Richard Tarnas für NCGR einen Artikel mit dem Titel *Uranus und Prometheus*. Er erwähnt, daß das kosmische Feuer, welches Prometheus gestohlen hat als die Astrologie selber angesehen werden könnte, weil »das anhaltende astrologische Studium dem menschlichen Bewußtsein die direkte Erfahrung von klaren, überwältigenden Anzeichen einer göttlichen Intelligenz von unbegreiflicher Komplexität und Allmacht verleiht«. Da Prometheus der Menschheit Astrologie und Wissenschaft lehrte, erhielt diese damit das Potential, gottesgleich zu werden.

Chiron war auch bekannt dafür, daß er seinen Schülern Astrologieunterricht erteilte, in der Hoffnung, daß sie zu einer größeren Einheit mit dem Universum gelangen würden. Chiron, der Planet, ist auch mit dem universellen Licht verknüpft, welches im ersten Augenblick der Schöpfung geboren wurde. Könnte dieses universelle Licht ein und dasselbe sein wie das kosmische Feuer? Wenn ja, kann die Befreiung des Prometheus durch Chiron dann die Erlösung des menschlichen Schicksals versinnbildlichen, nachdem wir die Wirklichkeit durch Chiron wahrnehmen und folglich erkennen, wie wir alle eins sind? Astrologie funktioniert, weil sie das Prinzip »wie oben, so unten« repräsentiert. Ist es dieser einfache Grundsatz, der uns befreien wird?

Das Erbe des Heilens

Hippokrates wurde ca. 460 v. Chr. geboren. Vielleicht ist dem einen oder anderen die Kurzversion vom Eid des Hippokrates bekannt, welche in beinahe allen Arztpraxen aushängt. Wie auch immer, jedenfalls wird ihm zugeschrieben, daß er die Medizin von Religion und Aberglauben befreit hat, und diese somit auf eine wesentlich höhere Ebene hob. Was aber viele nicht wissen ist die Tatsache, daß eine Unzahl von Übersetzungen des hippokratischen Eides existieren und in einigen von diesen wird dem Arzt angeraten, vor der Diagnose das Horoskop des Patienten zu befragen. Weiterhin befinden sich in den ausführlichen Versionen, welche dem Original am nächsten kommen, solche Ermahnungen wie: »daß ich den, der mir diese Kunst lehrte, genauso wert schätze, wie meine Eltern; daß ich mein Vermögen mit ihm teile und erforderlichenfalls zu seinem lebensnotwendigen Bedarf beitrage; daß ich seine Nachkommen als meinen eigenen Brüdern gleichgestellt betrachte, und daß ich ihnen diese Kunst ohne Bedingung oder Honorar weiter vermittle, wenn sie diese zu erlernen wünschen; daß ich das Wissen dieser Kunst durch Unterweisung, mündlichen Weitergabe und jede andere Unterrichtsmethode meinen Söhnen, und denjenigen meiner Lehrer und Schüler zukommen lasse, welche durch Übereinkunft und Eid dem Gesetz der Medizin, aber keinem anderen verpflichtet sind«.

Hippokrates erkannte die Bedeutung der Astrologie für die Gesundheit. Er beobachtete auch die innige Beziehung zwischen dem Lehrer und seinem Schüler sowie zwischen Lehrer und Heiler. Vermutlich war der Planet Chiron den Astrologen in jenen Tagen unbekannt — aber die Wechselbeziehung seiner Grundthemen war sehr wohl im Geiste von Hippokrates und denen, die ihm nachfolgten.

Es gab eine Zeit, in der jeder Doktor zugleich auch Astrologe war. Viele benützten in der Tat die Stundenastrologie, um ihren Patienten zu helfen. Während wir heutzutage die Medizin vornehmlich dem 6. Feld bzw. dem Zeichen Jungfrau zuordnen, hätte der antike Astrologe für den damaligen Arzt eher das 7. Feld in Betracht gezogen.

Außerdem gab einen guten Grund dafür, den Arzt eher im 7. Feld anzusiedeln. Der Doktor sah in seinem Patienten einen ihm gleichgestellten Mitmenschen, und nicht einen Untergebenen. Tatsächlich betrachtete der Arzt die Arbeit mit dem Patienten als eine zweispurige Straße: indem der Doktor dem Patienten half, seine Gesundheit wieder herzustellen, konnte er im Gegenzug lernen, seine Kunst zu perfektionieren und sich selbst zu vervollkommnen. Darüberhinaus war auch die sozioökonomische Beziehung immer wechselseitig, denn der Patient bezahlte den Arzt nur dann, wenn er auch tatsächlich gesund wurde.

Es wurden ganz verschiedene Zeichen vorgeschlagen, in denen Chiron herrschen soll. Es kann gut sein, daß Chiron in gar keinem Zeichen herrscht und stattdessen mit mehreren etwas gemeinsam hat. Aber wenn Chiron in irgendeinem speziellen Zeichen herrschen sollte, dann plädiere ich für die Waage, aufgrund ihrer Beziehung zum 7. Feld und Chirons Verbindung mit dem Heiler.

Setzen wir Waage an die Spitze des ersten Feldes. Das 12. Feld in der Jungfrau repräsentiert damit die verborgenen Guthaben und privaten Ressourcen, aus denen der Arzt bei Bedarf schöpfen muß. Wohlgemerkt, bei Bedarf! Es ist immer die optimale Rolle des Arztes gewesen, die Menschen zu lehren, wie sie das Gleichgewicht in ihrem Leben erlangen und aufrechterhalten können. Er greift auf Heilmittel zurück, wenn ein Patient krank wird. Aber er ist auch da, um den Menschen zu helfen, ein Ganzes zu werden. Tatsächlich ist dies sogar die Hauptaufgabe des Arztes, und das Heilen von Krankheit ist nur ein Ausschnitt aus dem Gesamtbild. Folglich ist es richtig, daß sich Jungfrau auf Medizin und Heilung bezieht. Ein Arzt benützt diese nötigenfalls, um den Schaden zu reparieren, der entstand, als ein Patient aus dem Gleichgewicht geraten war. Aber wenn der Patient geheilt ist, dann ist der Arzt verpflichtet, ihm wieder auf die richtige Spur zurückzuverhelfen, nämlich Gleichgewicht und Ganzheit zu erlangen. Dies ist seine höchste Aufgabe und daher rührt der Zusammenhang zwischen dem Zeichen Waage und dem Arzt.

Meines Erachtens entspringt ein Großteil der Verwirrung um die Zeichenherrschaft Chirons im Grunde genommen der Tatsache, daß es keine Übereinkunft darüber gibt, welches Zeichen denn eigentlich mit Heilung und Medizin zu tun hat. Ich meine, daß Jungfrau in der Tat über die Arzneien herrscht, die der Arzt zu Wiederherstellung eines Schadens im System einsetzt. Aber Waage verkörpert den Arzt/Lehrer Zusammenhang, und Chiron repräsentiert diese Seite der Waage. Wenn wir dazu übergehen, die Aufgabe des Arztes darin zu sehen, daß er uns in die Lage versetzt, Leben, Diät, Fitness und Gesundheit auszubalancieren, anstatt nur darin, Kranke zu kurieren, dann können wir verstehen, wie sich Chiron in die Waage einfügt. Es gibt noch andere vernunftmäßige Erklärungen hierfür, aber darauf kommen wir später noch zu sprechen.

Alan Watts hat in einer ganzen Reihe exzellenter Schriften aufgezeigt, daß es eine Übereinstimmung zwischen westlichen Formen der Psychotherapie und östlichen Religionen gibt, welche den Akzent auf die Befreiung legen. Er bezieht sich hierbei auf den Gedanken, daß beide Richtungen daran interessiert sind: »Veränderungen im Bewußtsein, Veränderungen in der Art, wie wir unser Dasein empfinden und in unserem Verhältnis zu Gesellschaft und Natur, herbeizuführen«. Beide befassen sich mit der Transformation des Bewußtseins: mit dem Loslösen des Individuums von unbewußten Blockaden, aber ebenso auch von »vorschnellen Vermutungen« und »unwirklichen, unsinnigen Problemen«.

Hierin liegt eine weiterer Schlüssel, der uns dem Verständnis von Chirons Wesen näher bringt. Watts zeigt auf, daß das hintergründige Ziel der östlichen Kulturen gerade die Befreiung ist, und daß solche Dinge wie die Reinkarnationlehre, die bei bestimmten Praktiken verheißenen okkulten Kräfte und andere übersinnliche Begleiterscheinungen (die durchaus alle ihre Gültigkeit haben) den Effekt haben können, daß sie die eigentliche Kernfrage vernebeln. Man kann in all den › Rauchschwaden ‹ der Nebeneffekte verloren gehen und dabei die wahre Absicht des östlichen Befreiungsweges verpassen.

Was ist Befreiung wirklich? Watts sagt hierzu: »Befreiung bringt nicht den Verlust oder die Zerstörung ... des Egos mit sich, sie bedeutet vielmehr, dieses zu durchschauen. So können wir in gleicher Weise den Begriff Äquator benützen, ohne uns gleichzeitig mit der Vorstellung von einer tatsächlichen Markierung auf der Erdoberfläche zu verwirren«.

Vielleicht hast du schon von einem Hilfsmittel für diese Befreiung gehört, dem Koan. Koans entstammen dem Zen – Buddhismus und sind durchweg chironischer Natur. Der Meister konfrontiert seinen Schüler mit einer Aufgabe — er stellt ihm eine paradoxe Frage, die sich nicht mit Logik beantworten läßt. Der Schüler bemüht sich um eine Lösung des Koans, quält sich immer stärker damit herum und verwickelt sich immer mehr in seiner Logik, solange bis er (hoffentlich) im Satori angelangt — der Erleuchtung, die aus dem Erkennen der Widersprüche dieser Aufgabe erwächst. Aber diese Einsicht entstammt nicht dem Verstehen dieses speziellen Koans, der Koan war nur ein Werkzeug hierfür. Werfen wir einen kurzen Blick auf die buddhistische Weltanschauung.

In dieser Philosophie wird davon ausgegangen, daß alle Dinge einer falschen Vorstellung entspringen, und daß ihnen keine aus sich selbst heraus existierende Wirklichkeit zueigen ist. Verflechten wir dies mit den Erkenntnissen der westlichen Psychotherapie, dann können wir darin die Erkenntnis finden, daß alles relativ ist. Denn wenn von nichts eine Beschreibung gegeben werden kann, ohne es auf etwas anderes zu beziehen, dann kann auch von nichts und niemand eine unabhängige Existenz angenommen werden. Somit erhält die Vorstellung, daß »nichts eine eigene Realität hat« in unserem Kontext eine vollkommene Gültigkeit. Dies gibt uns einen wichtigen

Fingerzeig zur Lösung. Es gibt noch einen anderen Hinweis: einige Probleme sind nicht wirklich Probleme, denn für sie gibt es eigentlich keine Lösung. Man kann dies immer und immer wieder erleben, wenn man mit einem Neurotiker zusammentrifft. Dieser Mensch wiederholt unentwegt die gleichen Dinge, aber immer wieder ohne Erfolg, eben weil er danach trachtet, solch ein falsches Problem zu bewältigen. Er versucht einen Sinn hinter etwas zu finden, das sich nicht auflösen läßt, aber er sieht nicht, daß dieses Problem unsinnig ist, denn er hält es für relevant. Manchmal führt dies sogar soweit ins Extrem, daß er sich aus der Realität in eine Psychose zurückzieht und unfähig wird, überhaupt etwas zu unternehmen.

Diesen Teufelskreis nennt man Samsara. Genau davon erlöst uns die Befreiung: wir werden uns bewußt, daß das Problem, welches wir überwinden möchten, schlicht und einfach bedeutungslos ist. In einigen Fällen mag es eventuell eine Lösung geben, wenn man es jedoch klar betrachtet, ist das Grundproblem so absurd, daß dessen Behebung ebenfalls Unsinn sein muß.

Zurück zum Koan. Dies war ein Instrument, welches dem Schüler seinen eigenen Teufelskreis deutlich vor die Augen treten ließ, sodaß ihm gewahr wurde, daß er bei unsinnigen Problemen verweilte und den nächsten Schritt einleiten konnte: zu erkennen, daß die ganze Fragestellung nach einer von der Welt unabhängigen Existenz an sich eines dieser unsinnigen Probleme darstellt. Dieser letzte Gedanke führt uns wieder auf Chiron zurück, auf die Wechselbeziehung zwischen allen Dingen und die Fähigkeit, wahrzunehmen, daß »wir die Welt sind« (in Anlehnung an den Hit *We Are The World*).

Carl Gustav Jung sagte: »Wir können nichts verändern, bevor wir es nicht annehmen können«. Auch dies ist ein Teil von Chiron — er zwingt uns zu akzeptieren, daß etwas in uns nach einer Veränderung drängt. Erst danach können wir allmählich die Richtung erkennen, die wir hierfür einschlagen müssen.

Chiron wurde mit dem Begriff des Gurus gleichgestellt. Einige philosophische Schulen beharren darauf, daß man die Befreiung nicht ohne einen Guru erwirken kann; andere betonen, daß manche Leute völlig allein dorthingelangen müssen; wieder andere halten einen Guru nicht für obligatorisch, sehen in ihm jedoch eine Erleichterung. Aber in Wirklichkeit existiert immer ein Guru. Oh, der muß nicht einmal aus Indien stammen. Es muß nicht einmal ein Lebewesen sein. Es kann sich ganz einfach um ein Buch handeln. Aber irgendwie ist eine äußere Vermittlung oder eine gewisse Beziehung notwendig, um einen auf den Pfad zu bringen.

Ist man allerdings erst einmal auf dem richtigen Weg, dann kann der Guru überflüssig werden. Nehmen wir ein Beispiel. Ein Freund hilft dir herauszufinden, welches der richtige Zug nach einer bestimmten Stadt ist. Sobald du diese Information hast, kannst du alleine den Zug nehmen und verreisen, ohne nochmals auf den Freund zurückgreifen zu müssen. Wenn du dann in der besagten Stadt angekommen bist, dann trägst du sozusagen auch nicht den Zug mit dir herum — er brachte dich dorthin, aber nun brauchst du ihn nicht mehr länger.

Unsere Vorfahren wußten sehr viel mehr, als wir ihnen heute zutrauen. Freud mag ein Pionier gewesen sein, aber er segelte nicht in unbekanntem Gewässer. Bei den östlichen Befreiungswegen waren die Logbücher einfach in einer Sprache verfaßt, die man im Westen nicht verstehen konnte. Aber selbst heute noch sind die sogenannten Befreiungswege der Psychotherapie oft in dicke Nebelschwaden eingehüllt, wenn auch ganz anderer Art: Nebelschwaden des Fachjargons und der technischen Sprache.

Wenn wir die Entwicklungsgeschichte weit genug zurück verfolgen, dann hören wir, daß das Universum aus dem Chaos geschaffen wurde. Dies entspricht nicht genau dem Wort, so wie wir es heutzutage verwenden, sondern bedeutete vielmehr die undifferenzierte Substanz, aus der alle Dinge hervorgingen, was sich eventuell mit dem reinen Licht gleichsetzen läßt (»Es werde Licht«). Gehen wir nochmals in die Vergangenheit zurück, diesmal in das alte Griechenland, so stellen wir fest, daß dort die Verbindung von Körper und Geist, welche wir heute so oft vergessen, sehr wohl bekannt war. Eben gerade das Symbol von Chiron, dem Kentauer, stellte eine Verschmelzung von Mensch (Geist) und Tier (Körper) dar.

In der Mythologie war Chiron ein Einzelgänger unter den Kentauern. Die anderen Kentauern waren Säufer und Zechbrüder, aber Chiron stand darüber. Eine Möglichkeit, dies zu interpretieren wäre, daß wir alle dieses Einzelgänger–Muster in uns tragen, daß wir über unsere animalische Natur hinauswachsen und uns vom Durchschnittsmenschen unterscheiden sollten. Auf einer anderen Ebene wird deutlich, daß Chiron sich bemüht, aus den bekannten sozialen Strukturen anderer herauszuragen. Dadurch war er ein Außenseiter der Gesellschaft, wollte aber zur gleichen Zeit mit einer sehr viel größeren Struktur einssein, nämlich dem Universum selbst. Somit war Chiron ein Symbol für denjenigen, der sich aus dem Samsara gelöst hat, für denjenigen, der das Nirvana erreicht hatte und die Dinge genauso sah, wie sie sind und wie sie voneinander abhängen.

Daraus läßt sich eine weitere Erkenntnis ableiten, welche in direktem Bezug zu den Ärzten steht. Betrachte den Bereich der Medizin als die Gesellschaft der Ärzte. Der Chiron–Faktor (der Einzelgänger unter den Heilern) besteht darin, daß man das Wohlergehen des Patienten über die Richtlinien und ›allgemein akzeptierten Praktiken‹ der Arzt–Kollegen stellt. Somit kann man sich den formell organisierten Berusstand als solch eine Gesellschaft vorstellen. Diejenigen Ärzte, die bereit sind, mit unkonventionellen Therapien zu arbeiten, aber auch Heilpraktiker, die von den Medizinern generell nicht anerkannt werden, wären dann repräsentativ für chironische Heiler.

Das Individuum, wer immer es sei, verbringt sein Leben auf der Suche nach Ganzheit. Bei manchen verläuft dies völlig unbewußt, und bei anderen ist dies ein bewußte angestrebtes Hauptziel. Aber wir alle suchen danach in der einen oder anderen Weise. Chiron ist die Führungskraft auf dem Weg dieser Suche, welche zu einem Verständnis der eigenen Bestimmung führt, indem er uns zeigt, wie wir uns wirklich in das Universum einfügen. Der Heiler hat das größte Potential dazu, ein Führer bei dieser Suche zu sein, nachdem man deren das Wesen erkannt hat. Aber der Heiler muß sich von den Lehren des Hippokrates leiten lassen, und zwar von den wirklichen und nicht von den abgekürzten Versionen. Die Suche führt zur Selbst-Transformation. Dieses höchste Ziel zu erreichen ist genau das, was Ärzte und Laien anstreben sollten. Wirklich viele Dinge können als Hilfsmittel bei der Suche eingesetzt werden. Chiron lehrte zum Beispiel Musik, Ernährung, Körperübung, Selbstverteidigung und Kräuterkunde.

Da, wie schon angemerkt, niemand veranlaßt ist, zu einem wirklichen Guru zu gehen, um auf den Weg gebracht zu werden, sollte man sich vergegenwärtigen, daß es viele Dinge gibt, die man selbständig unternehmen kann. Hier ein paar Beispiele:

Musik läßt sich einsetzen, um verschiedene Gemütsstimmungen hervorzurufen, oder um aus solchen herauszuhelfen. Musik kann zum Eintritt in veränderte Wirklichkeiten verhelfen, und die Meditation erleichtern. Mit Musik kann man den Bereich der saturnalen Zeit hinter sich lassen und in Chiros eintauchen, wo sich wichtige Veränderungen vollziehen lassen und wo die Vision sehr viel klarer sein kann. Welche Musik sich am besten dazu eignet hängt von dir und deinem Horoskop ab. Eine gute Methode zur Auswahl der passenden Musik besteht darin, einen Komponisten zu finden, welcher Sonne, Mond oder einen anderen Planeten in enger Konjunktion mit deinem Radix–Chiron hat, und dessen Chiron am besten noch in einer Winkelbeziehung zu einem deiner persönlichen Planeten steht. Führt dies nicht zum Erfolg, dann suche Dir die richtige Musik während eines Transits auf deinen Natal–Chiron aus.

Kommen wir zu Kräutern und Ernährung. Wenn man im Einklang mit dem Universum sein möchte, dann muß man bei dem, was man ißt sehr wählerisch sein. Stelle einen Zeitpunkt fest, zu dem dein Chiron transitiert wird oder an dem du einen Chiron–Transit empfängst, und bringe deine Ernährung auf Vordermann.

Um deine wahren Bedürfnisse kennenzulernen, versuche für eine Weile dich eines der Hauptbestandteile deiner Ernährung zu enthalten und beobachte deine Körperreaktionen sehr sorgfältig, sobald du wieder anfängst, dies zu essen. Behalte das Testen solange bei, bis du dir der Reaktionen deines Körpers auf deine Ernährung ganz sicher bist. Wenn ein bestimmtes Nahrungsmittel nicht wirklich › gut sitzt ‹, dann besteht kaum ein Anlaß, deinen Körper weiterhin damit zu belasten. Versuche andere Speisen.

Nicht nur jede einzelne Speise sollte im Gleichgewicht sein, sondern auch die Mahlzeiten des Tages sollten sich in Harmonie befinden. Manche müssen sechs kleine Mahlzeiten am Tag zu sich nehmen, um den Körper zu harmonisieren. Der Körper stößt das, was er an Nährstoffen nicht braucht, wieder ab. Für andere sind ganz spezielle Nahrungsbedürfnisse der richtige Weg. Ich hab für mich herausgefunden, daß ich alle roten Fleischsorten (Rind, Schwein, Lamm), Zucker und Koffein total vermeiden muß.

Behalte im Gedächtnis, daß die Nahrung in der Jugend das Wachstum unterstützt und im Alter als Brennstoff dient. Der Zweck einer chironischen Ernährung liegt darin, den Körper in Einklang mit dem Universum schwingen zu lassen. Wenn dir selber die Kenntnisse fehlen, dann suche einen Ernährungsberater oder Heilpraktiker auf, der dir eine Diät zusammenstellen kann, die wirklich zu deinen Bedürfnissen paßt. Und noch eins: wenn du den Weg gefunden hast, folge ihm!

Es gibt viele Dinge, die du selten oder gar nie essen wirst, die aber ein integrierter Bestandteil deiner Ernährung sein sollten. Vielleicht sind sie genau das, was du benötigst, um dein System in Balance zu halten. Viele Menschen gehen zum Arzt, wenn sie krank werden und zahlen teures Geld für Rezepte von fremdartig betitelten Chemikalien. Aber in der eigenen Küche gibt es normalerweise Heilmittel für viele Krankheiten.

Nehmen wir beispielsweise die rohe Zwiebel. Sie enthält Phosphor, Calcium, Magnesium, Schwefel, Natrium, Kalium und Eisen; Stärke, Essigsäure und Phosphatsäure; Jod, Zink und Silicium; Vitamin A, B und C. Darüberhinaus enthält sie auch das Pflanzenhormon Glucokinen, welches in seiner Eigenschaft, den Blutzuckerspiegel zu senken, mit dem Insulin vergleichbar ist. Es handelt sich um eine Substanz, welche die Verdauungssäfte der Bauchspeicheldrüse stimuliert und (erstaunlicherweise) mitogene Strahlen (eine UV–Strahlung, welche die Zellaktivität anregt) aussendet.

Chironisch zu sein heißt, die Augen für die Welt um sich herum offen zu halten. Eine vorzügliche Quelle für Nährstoffe und Heilkräfte wird häufig übersehen, weil man sie für Unkraut hält: die Rede ist vom Löwenzahn. War dir bekannt, daß nur 28 Gramm dieser Pflanze ganze 7000 Einheiten von Vitamin A enthalten? Dazu kommen noch Vitamin B und C, Kalzium, Kalium, Cholin und zwei Alkaloide, die sehr gut für die Leber sind. Aber wieviele von euch scheuen sich aufgrund des sozialen Ansehens, zu bücken, um › Unkräuter ‹ herauszurupfen, und das auch noch mit der Absicht, sie zu essen?

Chiron führt das Individuum zur Ganzwerdung, aber er führt auch den gesamten Bereich der Medizin generell an den gleichen Zielpunkt. Hier nun einige mit Chiron zusammenhängende Ereignisse, um zu verdeutlichen, was ich damit meine:

Sowohl Dr. Palmer, der die Chiropraktik erfand, als auch Wilhelm Conrad Röntgen, der die nach ihm benannten Röntgenstrahlen entdeckte, wurde annähernd bei Chirons Perihel geboren. Fünfzig Jahre später (1895) machten sie ihre Entdeckungen, als sich Chiron wieder im Perihel befand. Dieses Perihel ist sehr wichtig, denn nicht nur, daß Chiron näher bei uns ist als sonst, er befinded sich außerdem auch innerhalb der Saturnbahn.

Es gibt noch andere interessante Begebenheiten im Jahre 1895. Sigmund Freud begann mit der Publikation seiner revolutionären Theorien über Geisteskrankheiten. In New York wurde das erste Gesetz zur Regelung des Studiums der Chiropodie erlassen. (Dies ist ein Zweig der Medizin, der sich mit Fußkrankheiten befaßt und und heute Pediküre genannt wird.) R. J. Roberts erfand den ersten Medizinball. (Louis Pasteur starb in diesem Jahr, obwohl ich mir nicht sicher bin, inwieweit dies hierher gehört, außer daß er wichtige Beiträge zur Entwicklung der Medizin lieferte.) Ich könnte mit der Auflistung solcher Ereignisse, die sich auf Chirons Perihel beziehen, unendlich fortfahren, aber ich denke, der Kern der Sache wurde damit schon erfaßt.

Wie ich bereits erwähnt habe, gibt es noch mehr Befunde für eine Verwandtschaft Chirons mit der Waage. Im antiken Griechenland gab es einen anderen Namen für das Zeichen Waage, nämlich *zugon*, was soviel bedeutet wie › Joch ‹. Zugon kommt von der gleichen Wortwurzel wie der biologische Begriff *Zygote*. Dies bezeichnet jene Phase in der Entwicklung des Embryos, bei der sich Ei– und Samenzelle zum erstenmal verschmelzen und sich die eigentlich Empfängnis vollzieht.

Bereits ganz am Anfang der Suche nach Chirons Bedeutung wurde ein Zusammenhang zwischen ihm und der Empfängnis festgestellt. Eine Reihe von Frauen mit Chiron im 6. Radix–Feld trugen Fehlgeburten davon, als Pluto einen Spannungstransit mit Chiron hatte. Immer und immer wieder hat sich Chiron bei der Empfängnis oder bei anderen Ereignissen während der Schwangerschaft als bedeutsam erwiesen. Das erste Retortenbaby der Welt war das Ergebnis einer Befruchtung im Reagenzglas, was sich genau um die Zeit herum ereignete, als Chiron entdeckt wurde.

Nun, dieser Befund beweist ganz und gar nicht, daß Chiron in der Waage herrscht. Aber er verweist auf eine eindeutige Beziehung zwischen Chiron und dem Wortstamm Zygos. Und für die Griechen war das Zeichen Waage ebenfalls damit verwandt. Kein Beweis, aber definitiv eine lohnenswerte Überlegung.

Der Begriff Joch ist ein guter Anlaß, dieses Kapitel abzuschließen. Einige seiner Bedeutungen tragen wenig zu unserer Thematik bei, andere sind wiederum sehr relevant. Joch bedeutet zusammenfügen, verbinden und verketten. Dies ist in der Tat ein treffendes Bild für die Vereinigung von Ei und Same. Es ist ebenso passend, um den Kentauer zu umschreiben, die Fusion von Mensch und Tier. So wie der Embryo einzigartig ist und sich sowohl vom Ei als auch vom Samen unterscheidet, genauso ist der Kentauer einmalig, weder Mensch noch Tier.

Das Heilen der Wunde

Medizinische Pioniere haben zahllose Leben damit verbracht, solche Wunderdrogen wie Antibiotika zu entdecken. Jedes neue Medikament war seinerzeit ein Wunderheilmittel und wurde als Durchbruch gefeiert. Aber immer wieder mißachteten die Mediziner die Botschaft Chirons, daß sie nämlich auf das Ziel hinarbeiten sollten, den Menschen zur Ganzheit zu bringen. Die Jungfrau – Arzneien wurden freimütig und routinemäßig an jedem angewendet, anstatt sie als Heilmittel für den Notfall zu reservieren. Seit Chirons Eintritt in die Zwillinge begannen sich in den Zeitschriften und Zeitungen Schlagzeilen folgender Art zu häufen: »ARZT WARNT VOR MISSBRAUCH VON ANTIBIOTIKA (Associated Press). Die häufige Einnahme von Antibiotika hat die Bakterien zur Kontrolle von Infektionen wie Gonorrhö, Meningitis oder Blutvergiftung resistent gemacht....Gegen Antibiotika resistente Bakterien arbeiten unseren heutigen Fähigkeiten, selbst einfachste Krankheiten zu behandeln, entgegen.....Unsere Kultur ist von der Einstellung durchdrungen, daß Antibiotika alles heilen. Diese Mentalität muß sich ändern.....Ein Bericht über eine Mutter, die einem ganzen Schulbus Antibiotika verabreichte, bloß weil ein Kind erkältet war.....Antibiotika verändern die bakterielle Flora zum Vorteil von resistenten Stämmen, sodaß von diesen Bereiche besiedelt werden können, in denen andere Bakterienstämme von Antibiotika beseitigt worden sind...«.

Heilung ist ein Chiron – Wort. Wenn Antibiotika zu häufig und in unangemessener Dosis eingenommen werden, ruft dies den Verlust ihrer Wirkung hervor, und es muß eine andere Quelle des Heilens geben, welche von Chiron beeinflußt ist. Der Schlüssel hierzu liegt in jedem Individuum, und zwar im Immunsystem. Vielleicht hat der eine oder andere von dem Fall des Mädchens Fae gehört, welches im Oktober 1984 mit einem Herzfehler geboren wurde. Ein Serum namens Cyclosporin – A wurde in ihren Blutkreislauf gespritzt. Dieses Serum unterdrückte ihr Immunsystem dermaßen, daß man eine Operation durchführen konnte, bei der ihr krankes Herz gegen das eines Pavians ausgetauscht wurde. Man stelle sich das vor! Ohne dieses Serum zur Unterdückung des Immunsystems hätte der Körper das Transplantat einer anderen Gattung automatische abgestoßen. Chiron war zu dieser Zeit besonders markant.

Im gleichen Monat, als die Operation an dem Baby Fae stattfand, gab es noch eine andere epochale Transplantation. Einer Frau wurde die Niere eines Menschen mit einer anderen Blutgruppe eingepflanzt. Bis dahin wurde dies für unmöglich gehalten, weil das Immunsystem jeden Fremdkörper zurückweist. Die Ärzte bedienten sich einer neuen Technik: sie entzogen dem Blut der Patientin bestimmte Komponenten, wodurch diese Gegenreaktion vermieden wurde. Wiederum befand sich Chiron in markanter Himmelsposition.

Es gab 1984 tatsächlich sehr viele Neuigkeiten über das Immunsystem, so zum Beispiel einige neue Befunde über AIDS (Acquired Immune Deficiency Syndrome).

Am 14. September 1984 war Chiron auf 8°33' Zwillinge stationär. Damit befand er sich in Opposition zu dem Punkt, an welchem Uranus wenige Wochen vorher stationär war und aktivierte gleichzeitig den Tierkreisgrad einer Sonnenfinsternis vom Mai desselben Jahres. (Zum Zeitpunkt der oben beschriebenen Operationen war Chiron wieder dorthin zurückgekehrt, wo er stand, als Uranus stationär war.)

Ich glaube, es ist nun an der Zeit zu klären, was das Immunsystem überhaupt ist. Eiweißmoleküle im Blutserum bilden die Basis des Systems. Wenn ein Fremdkörper (als Antigen bezeichnet) in den Organismus gelangt, dann wird die Produktion dieser Eiweißmoleküle (Antikörper) in Gang gesetzt. Sie funktionieren auf verschiedene Weise. Sie können mit Freßzellen (Makrophagen) zusammenarbeiten, um Fremdstoffe aufzuräumen. Sie können die Wand eines Bakteriums durchbohren, was es zerplatzen läßt. Sie können strukturell wichtige Abschnitte eines Virus verkleben, wodurch es nicht mehr funktionieren kann und unwirksam wird.

Besonders bemerkenswert an diesen Antikörpern ist, daß sie alle sehr spezifisch sind, d.h. wenn ein Antigen in den Körper eindringt, dann produziert der Organismus einen entsprechenden Antikörper, der nur gegen diesen speziellen Fremdstoff und keinen anderen wirkt. Ähnlich wie bei Schloß und Schlüssel paßt ein bestimmter Antikörper nur zu einem bestimmten Antigen.

Immunzellen sind auch bei Entzündungen und bei der Regeneration von zerstörtem Gewebe beteiligt.

Unter idealen Bedingungen arbeitet das Immunsystem problemlos. Befindet sich der Organismus im Gleichgewicht, dann genügt es, den Körper vor irgendwelchen Eindringlingen zu schützen. Entscheidend ist hierbei das Wort Gleichgewicht. Verschiedenes kann passieren, um das Immunsystem zu erschöpfen, unterdrücken oder seine Effektivität zu beeinträchtigen.

Das Immunsystem wird durch die Lebenskraft des Körpers gestärkt. Ist die Lebenskraft gestört, dann ist auch das Immunsystem nicht in Ordnung. Der Hauptgrund dafür, daß die Lebenskraft in ein Ungleichgewicht gerät, liegt in einem Mangel an Harmonie mit der Umgebung und folglich auch dem Universum. Das Problem kann aus einer Überzahl an Toxinen aufgrund falscher Ernährung, Mangel an Bewegung und/oder ungünstigem Klima (z.B. Luftverschmutzung) erwachsen. In der Jugend ist der Körper normalerweise noch in der Lage, mit den Giften zu Rande zu kommen. Die meisten Toxine werden vom Nierensystem, der Leber und den Ausscheidungsorganen absorbiert. Möglicherweise werden die Organe überlastet. An diesem Punkt kommt es zu einem Übergriff auf die andereren Organe (die normalerweise nichts damit zu tun haben), und der Körper verliert seine innere Harmonie. Einige Körperteile werden in ihrer Funktionsfähigkeit beeinträchtigt. Andere Organe überarbeiten sich dadurch oder übernehmen › falsche ‹ Aufgaben (Fehlfunktion) auf Kosten ihrer regulären Tätigkeit. Abfallstoffe können sich ansammeln, sodaß schließlich die Krankheit einsetzt.

Außer den Giften können noch andere Dinge das Immunsystem stören. Forscher an der Ohio State University untersuchten an Kaninchen die Auswirkungen der Ernährung auf Arteriosklerose. Verschiedenen Versuchsgruppen dieser Tiere wurde eine extrem fetthaltige Nahrung verabreicht und jede Gruppe wurde einem Studenten zur Obhut anvertraut. Eine Studentin, die ihre Schützlinge besonders liebte, schaute täglich mehrmals vorbei, nahm jedes Kaninchen auf den Arm und streichelte es. Am Ende kam ein Ergebnis heraus, das alle Forscher verblüffte. Die Tiere, welche verhätschelt wurden, hatten nur halb so viel Fett im Blut wie die anderen. Aber alle Kaninchen hatten das gleiche zu fressen bekommen. Um die Ergebnisse zu verifizieren, wurde das Experiment wiederholt. Es kam das gleiche heraus. Man führte vier weitere Versuchsreihen durch, die ohne Unterschied dieselben Resultate erbrachten. Somit scheint zärtliche und liebevolle Pflege gegen Arteriosklerose vorzubeugen.

Bei anderen Untersuchungen wurde festgestellt, daß Liebe und Körperberührung die Immunität des Organismus steigert. Dr. Harold Voth von der Menninger Foundation hat gesagt: »Es wurde wissenschaftlich nachgewiesen, daß Menschen, die geistig abgehetzt und depressiv sind, weitaus anfälliger für Krankheit sind. Umarmungen können Depressionen beheben, wodurch die Leistungsfähigkeit des Immunsystems angehoben wird«. Der Neuropsycholge James W. Prescott sagte, daß seine Studien ihn davon überzeugten, daß »der Verlust von Körperkontakt.....die Ursache einer ganzen Reihe emotionaler Störungen ist«. (Und wir wissen, wie stark Körper und Geist miteinander verbunden sind.) Tatsächlich können Umarmungen und Berührungen mehr bewirken, als nur dem Immunsystem zu seiner Ausgeglichenheit zu verhelfen. Sie können vielmehr das allumfassende Selbstbild, und damit auch den allgemeinen Gesundheitszustand ausbalancieren. Pamela McCoy hat herausgefunden, daß Menschen, die häufig berührt werden »oft ihre Tabletten absetzen und trotzdem schlafen können«.

Bevor du die Gültigkeit dieser Behauptungen in Frage stellst, denke über folgendes nach: The Hug Club (P.O. Box 453, Laguna Beach, CA 92652, USA) berichtet, daß ein einziger Hautabschnitt von der Größe eines Zehnpfennigstücks 50 Nervenenden enthält. Man stelle sich vor, wieviele Nerven aktiviert werden, wenn eine Person umarmt wird oder einen anderen Menschen umarmt.

Es ist Chirons Funktion, den Ausgleich im Organismus wiederherzustellen. Eine ziemlich einfache Feststellung, aber die Art und Weise, wie sich dieses vollzieht, kann äußerst komplex sein. Ich beobachtete wie Chiron wirkt, indem er einen Menschen in das Leben eines anderen treten läßt, sollte sich dessen innere Unausgeglichenheit durch Liebe und Berührung korrigieren lassen. Dies kann uns die Häufigkeit von Chiron–Transiten erklären, die vorliegen, wenn jemand seinem zukünftigen Partner begegnet.

Unter einem wichtigen Chiron–Transit wurde vor kurzem berichtet, daß Masayori Inouye (State University of New York, Stony Brook) ein künstliches Immunsystem entwickelte. Dies erfolgte durch Klonen eines teilweise viralen RNA–Stranges, welchen man in die Zellen einfügte. Wenn ein Virus den Organismus befällt, dann binden diese Zellen die eindringende virale RNA. Dies sollte das Virus nicht nur an seiner Vermehrung hindern, sondern diese Immunität soll dann auch auf die nachfolgenden Zellgenerationen übergehen. Ein solches Verfahren birgt großartige Möglichkeiten für die Zukunft in sich — aber auch bedrohliche Gefahren. Denn wenn der Gesundheitszustand von einer holistischen Einstellung abhängt, dann könnte diese Zellmanipulation zu weitaus größeren Problemen führen, als der Mißbrauch von Antibiotika. Dies kann sehr wohl ein Werkzeug Chirons sein, aber die Gefahr liegt darin, daß man damit zu weit gehen könnte.

Immunität heißt auch frei sein von Krankheit. Chiron–Transite konzentrieren sich sehr stark auf das, was wir zur Erlangung dieser Freiheit unternehmen und darauf, wie wir das Gleichgewicht durch Eingriffe in den Organismus durcheinanderbringen. Die oben beschriebenen chirurgischen Operationen, bei denen das Immunsystem absichtlich unterdrückt wurde sind Beispiele hierfür.

Die Krebs–Rate ist weltweit alarmierend. Hierzu ein paar Gedanken: Der Körper versucht sich selbst gegen die Ausbreitung bösartiger Zellen zur Wehr zu setzen, aber etwas scheint mit dem Immunsystem nicht zu stimmen. Wurde dieses unterdrückt und war somit die Ursache für die Auslösung des Krebses? Während eines wichtigen Chiron–Transites wurde die folgende Neuigkeit verbreitet: Jorge Yunis (University of Minnesota) berichtete, daß es ihm möglich war, auf den menschlichen Chromosomen 51 fragile Stellen zu identifizieren, welche leicht brechen können. Er glaubt, daß diese Bruchstellen bei späteren Krebspatienten außergewöhnlich schwach sind. Darüberhinaus verschlimmern Gifte wie z.B. Zigarettenrauch die Schwäche und machen ein Zerbrechen wahrscheinlicher. Wenn die Chromosomen zerbrechen, dann kann Krebs entstehen. Der wichtigste Teil der Neuigkeit ist jedoch, daß bestimmte Elemente der Ernährung die Schwachstellen kräftigen können. Beispielsweise wurde nachgewiesen, daß Folsäure hier helfen kann, wenn man sie über die Nahrung (wie Blattgemüse oder Getreide) zu sich nimmt.

Seit AIDS erkannt wurde scheint sich jeder Virus–Durchbruch immer unter einem starken Chiron–Transit ereignet zu haben. Es sieht so aus, als ob wir jetzt nach der Entdeckung Chirons dazu gezwungen werden, unser Augenmerk auf die exakte Funktion des Immunsystem zu werfen, indem wir mit unzähligen Personen konfrontiert werden, bei denen dieses außer Kraft getreten ist. Chiron belehrt uns somit, wie der Körper als Ganzheit funktionieren muß, indem er uns vor Augen führt, was passiert, wenn dieser streikt.

Aus der AIDS–Erfahrung wird sich eine positive Sache ergeben: wir werden daraus sehr viel nicht nur über die AIDS–Opfer, sondern über alle Menschen lernen. Da AIDS eine Krankheit ist, bei der die Abwehrkräfte einfach versagen, können wir die Funktionsweise des Immunsystems erkennen. Wir können Personen untersuchen, bei denen dieses nicht mehr intakt ist, und diese mit dem Rest der Menschheit vergleichen.

Chiron der Heiler

David Carroll schrieb: »Die prinzipielle Idee hinter beinahe allen Formen der natürlichen Medizin ist schlicht folgendes: die natürlichen Bedingungen des Menschen, sein Geburtsrecht, sind ein Zustand von Gesundheit; Krankheit, trotz ihrer gräßlichen Verbreitung überall, ist eine Verirrung, eine Unregelmäßigkeit und keine Norm. Dies bedeutet, daß eine schlechte Gesundheit grundsätzlich eine Art Ungleichgewicht oder gestörter Gleichfluß ist, und daß alles, was die wahre Medizin tun kann, das Instandsetzen dieses Gleichgewichts ist. Dies ist die Grundlage echten Heilens«. David sagt auch, daß deswegen die Medizin »nur ein Katalysator ist, der dem Körper zur Selbsthilfe verhilft«. Dies ist der springende Punkt, den wir nie vergessen dürfen.

Der Schlaf wird nicht von Chiron geregelt. Aber ganz einerlei, welche Gesichtspunkte man in der Astrologie der Schlafregulierung zuschreibt, Chiron steht für einen ganz bestimmten Teil des Schlafes, nämlich den Heilschlaf.

Es ist bekannt, daß wir in jeder Nacht verschiedene Schlafstadien durchlaufen. Zwei dieser Phasen sind besonders bedeutsam für die Fähigkeit des Körpers, sich zu heilen und gesund zu bleiben.

Die REM – Schlafphase ist von unterschiedlicher Dauer, je nachdem wieviel sich während des Tages ereignete. Während dieser Phase verarbeitet man die Tagesereignisse; der Verstand ordnet alle Erinnerungen an den Tag und die sie begleitenden Gefühle bestimmten Orten im Gedächtnis zu, sodaß man in der Zukunft wieder auf sie zurückgreifen kann. Folglich ist das REM – Stadium umso länger, je mehr man während des Tages erlebte. Und während der REM – Phase hat man Träume.

Welche körperlichen Veränderungen treten nun während dieser Periode auf? Die Gehirntemperatur steigt und der Sauerstoffwechsel befindet sich auf seinem Höhepunkt. Das Zeitgefühl ist in die Länge gezogen und man kann das Verstreichen einer Minute auf der Uhr als einen sehr viel längeren Zeitraum erleben. Die Zellen des Hypothalamus befinden sich auf ihrer höchsten Aktivitätsstufe, was bedeutet, daß diese Zellen nun eine große Menge des Hormons CRF ausschütten. Dieses Hormon steuert die Hypophyse. Die Hypophyse scheidet nun ihrerseits das Hormon ACTH aus, welches die Nebennierendrüsen anregt. Als Reaktion erhöhen die Nebennierendrüsen bei plötzlichen Anstrengungen ihre Sekretion von Steroiden. Folglich erwachen wir mit dem höchsten Adrenalinspiegel des Organismus aus dem Schlaf. Während des Tages nehmen diese Hormone wieder ab, außer unter Streß. Diese Hormone sind essentiell für uns, damit wir am Morgen wach und energievoll sind und damit wir untertags unsere Spitzenleistungsfähigkeit erreichen.

Somit lenkt Chiron in dieser Schlafphase die Veränderungen, denen unser Organismus unterliegt, damit wir den vorangegangenen Tag durch Ausdehnung unseres Zeitgefühls einordnen können, aber auch damit unser Körper die zu erwartenden Hormonmengen angesichts des neuen Tages beurteilen kann. Ein ungünstig aspektierter Chiron könnte bedeuten, daß man nicht zu genügend REM – Schlaf gelangt, welcher uns ein angemessenes Hormongleichgewichts bereit stellt.

Die andere Schlafphase, mit der Chiron verbunden ist, heißt Stufe 4. Während dieser Zeit wird das Hormon HGH ausgeschüttet, welches Körperwachstum, Größe und Gewicht reguliert; es regt die Milchbildung bei Müttern an; es senkt den Cholesterin – Gehalt des Blutes; es fördert das Gewebewachstum, indem es die Eiweißsynthese beeinflußt. Aber der entscheidende Faktor dieses Hormons ist, daß es Heilprozesse beschleunigt. Selbst bei Knochenbrüchen trifft dies sogar zu. Dieses Hormon wird auch zu anderen Zeiten abgesondert, aber während der Schlafphase 4 befindet es sich auf dem Höhepunkt. Deshalb handelt es sich hier um die Schlafperiode, in welcher sich der Körper regeneriert und erholt, und es ist zugleich die tiefste Schlafphase des Menschen.

Somit lenkt Chiron die Freisetzung von HGH durch die Hypophyse und folglich führt diese Schlafphase hauptsächlich zur Erholung und Regeneration.

Interessanterweise werden bei Kindern größere Mengen HGH ausgeschüttet als bei Erwachsenen, denn Kindern benötigen mehr davon für ihre aktuellen Wachstumsprozesse. Und wie erwartet haben Kinder längere Schlafphasen von Stufe 4 als Erwachsene.

(Eine interessante Nebenbemerkung: Jemand (kein Astrologe) hat den Schlaf der Stufe 4 mit der Zeit verglichen, in welcher Chiron laut Mythologie seine Schüler mit in die tiefe Höhle nahm, um sie auf die Welt vorzubereiten.)

Fassen wir zusammen: Chiron lenkt jenen Aspekt des Schlafes, welcher das Individuum ausbalanciert, indem die Eingaben des Vortages verarbeitet werden; er leitet den Schlaf, welcher dem Individuum zur Regeneration von den Tagesereignissen verhilft; und er regelt die hormonale Freisetzung, welche die Person befähigt, dem kommenden Tag wohlgerüstet entgegenzublicken.

Da Chiron hinter den Ausgleichskräften des Körpers steht, um diesen in Harmonie mit dem Universum zu bringen, können wir sehen, wie wichtig eine angemessene Menge Schlafes ist. Jeder holistische Plan, der übersieht, daß man genügend Schlaf erhält, ist nicht wirklich holistisch, und dementsprechend aller Voraussicht nach nicht vollständig genug, um dir etwas gutes zu tun.

In der vorangegangenen Diskussion erwähnte ich den Hypothalamus. Chiron herrscht vermutlich nicht über dieses Organ, aber er hängt wohl mit dessen Auslösung zusammen. Chiron hat höchstwahrscheinlich die Herrschaft über einen anderen Teil des Gehirns, nämlich jenen Abschnitt, welcher die rechte und die linke Hemisphäre trennt und den beiden Gehirnhälften die Kommunikation ermöglicht. Wie vermutlich bekannt ist, kontrolliert die rechte Hirnhälfte die linke Körperseite und die nicht–logischen Denkfunktionen. Die linke Hemisphäre kontrolliert die rechte Körperseite und die logischen Denkmuster. Chiron schreitet zur Tat, um für beide Hälften Fürsprache einzulegen, damit der Verstand und seine Funktionen im Gleichgewicht bleiben.

Im vorigen Kapitel sprach ich über Essen. Einige neue Erkenntnisse von Richard Wurtman werden belegen, wie wichtig eine ausgeglichene Nahrungszufuhr für die Heilung ist. Wurtman hat nachgewiesen, daß der Anteil der Kohlehydrate in der Nahrung indirekt festsetzt, wieviel Serotonin sich im Gehirn befindet. Kohlehydrate liefern Energie, aber sie müssen vom Körper erst in Glukose zerlegt werden. Die Bauchspeicheldrüse schüttet Insulin aus, welches den Blutzuckerspiegel kontrolliert. Nimmt man nun in einer einzigen Mahlzeit sehr viele Kohlehydrate zu sich, dann muß die Bauchspeicheldrüse mehr Insulin freisetzen, um den Zuckerüberschuß zu beseitigen und ein angemessenes Gleichgewicht aufrechtzuerhalten. Aber Insulin beeinflußt auch die Verwertung der Proteine durch den Körper. Bei der Verdauung werden die Eiweiße in Aminosäuren zerlegt, welche zu neuen Proteinen zusammengesetzt werden, die der Körper leicht aufnimmt. Die Aminosäure Tryptophan hat einen anderen Zweck: sie wird innerhalb bestimmter Neuronen des Gehirns ebenfalls in Serotonin umgewandelt. Serotonin löst übrigens die Reaktion von anderen Neuronen aus. Die speziellen Neuronen, welche diesen Stoff produzieren, befinden sich im Hirnstamm — und stehen im Austausch mit den Gehirnzentren, welche das Einsetzen von Schlaf, Appetit und Stimmungen kontrollieren! (Mit anderen Worten, die Freisetzung von Serotonin macht einen schläfrig und energielos.) Wenn du nun also eine eiweißhaltige Nahrung ißt, dann kommt es zu einem Zuwachs an Tryptophan und Serotonin — und ob man es glaubt oder nicht, im Gehirn nimmt das Niveau beider tatsächlich ab! Aber wenn man sich eine Nahrung mit viel Kohlehydraten zuführt, nehmen Tryptophan und Serotonin im Gehirn zu. Warum hat Eiweiß diesen unerwarteten Effekt?

Nun, wenn man eine stark eiweißhaltige Mahlzeit ißt, dringen auch andere Aminosäuren in das Gehirn ein und halten einen Großteil von Serotonin und Tryptophan fern. Wenn man andererseits kohlehydratreiche Kost verzehrt, dann produziert die Bauchspeicheldrüse mehr Insulin, und Insulin erleichtert dem Tryptophan den Eintritt ins Gehirn.

Somit ist es wichtig, sich zu versichern, daß die Nahrung aus einem höheren Gehalt an Eiweißen als an Kohlehydraten besteht. Jedoch ist eine gewisse Vorsicht angebracht, denn eiweißreiches Essen ist auch stark fetthaltig und erhöht den Cholesterin–Spiegel. Ein derartiges Ungleichgewicht in der Diät kann wieder ganz andere Gesundheitsprobleme in sich bergen.

Noch etwas gilt es zu bedenken. Streß ist ein Teil unseres täglichen Lebens. Aber wie wir damit umgehen ist kontrollierbar. Wenn wir den Streß an uns heranlassen, dann wird der Einfluß tatsächlich die Fähigkeit des Körpers, die Aminosäuren zu verarbeiten, beeinträchtigen. Auch dies läßt mehr Tryptophan ins Gehirn gelangen, was häufigere Perioden von Schläfrigkeit und niedriger Energie zur Folge hat.

Schlußfolgerung? Unausgeglichene Ernährung setzt die Bedingungen für einen größeren chironischen Wendepunkt. Warum also nicht schon im Voraus die Initiative ergreifen und das, was man ißt, kontrollieren — aufdaß Chiron–Transite wesentlich evolutionärere Wendepunkt verursachen?

Wie schon erwähnt, gibt es eine Parallele zwischen der Psychotherapie und den östlichen Befreiungswegen. Die Essenz der Psychotherapie, gleich welcher Schulrichtung, liegt noch immer in der Befreiung des Individuums, damit es als sein wahres Selbst funktionieren kann. Es gibt jedoch über 250 verschiedene Psychtherapien. Können wir wirklich annehmen, daß alle gültig sind? Oder daß es nur einen Weg gibt, welcher die wahre Befreiung für die westliche Welt verspricht?

Chiron heißt die Antwort, welche uns aus dieser Zwickmühle herausführt. Jeder Mensch ist einmalig. Und jeder Mensch hat einen einzigartigen Chiron, nicht nur durch das Zeichen und den Tierkreisgrad, sondern auch durch die Felderstellung, die Aspekte, rückläufige oder direkte Bewegung, Halbsummen, und sogar durch seine Stellung im Verhältnis zu zum Aphel oder Perihel. Schon allein ein Blick auf die Zeichen– und Hausposition ergibt 12x12 = 144 Chiron–Typen! Chiron, der Heiler lehrt uns, daß der Pfad eines jeden Menschen unvergleichbar ist — der Kurs, den man befolgen muß, um innere Konflikte zu überwinden und dann die Ganzheit zu gewinnen, ist für jeden einzelnen Menschen anders. Für den einen mag die reine Freudianische Psychoanalyse die beste Fährte sein. Für den anderen kann der archetypische Zugang von Jung die Türe öffnen. Für wieder einen anderen kann die Zusammenarbeit mit einem Guru der wertvollste Pfad sein.

Susan Gilbert hat in ihren Untersuchungen verdeutlicht, daß die verschiedenen Therapieformen bei unterschiedlichen Menschen anders wirksam sind. So reagieren beispielsweise Menschen mit einer höheren Bildung und mit angesehenen Berufen besser auf Gruppentherapie, während diejenigen am anderen Ende der sozioökonomischen Stufenleiter eher mit Individualtherapien zurecht kommen. Sie zeigte weiterhin, daß Therapien, die auf vielen Fragen aufbauen eher den motivierten Klienten helfen, während solche mit einer geringen Motivation besser auf eine einfühlsame und teilnehmende Vorgehensweise ansprechen.

Neuere Einzelstudien lassen die Schlußfolgerung zu, daß auch die Position von Chiron im Horoskop des betreffenden Heilers von Bedeutung ist. Dies deutet nicht nur auf die von dem Heiler bevorzugten Methoden hin, sondern auch auf die Praktiken, welche der Heiler bei der Behandlung anderer am erfolgreichsten findet. Häufig haben die Therapeuten hier einen blinden Fleck, denn wenn sie mit einer bestimmten Behandlung Erfolge erzielt haben, dann sind sie allzuleicht geneigt, darin die Methode schlechthin zu sehen, und meinen, daß diese von allen Kollegen praktiziert werden sollte. (Etwas ähnliches spielt sich auch unter den Astrologen ab, wenn sie sich um die Richtigkeit der Methoden streiten: tropischer vs. siderischer Tierkreis; Placidus vs. Koch usw.).

Alma H. Bond ist ein einschlägiger Fall. Sie ist Freudianische Psychoanalytikerin und ihr Radix–Chiron steht in Mars–Konjunktion direkt an der Spitze des 8. Feldes. In der Herbst/Winter–Ausgabe 1981 des *Journal of Contemporary Psychotherapy* veröffentlichte sie einen Artikel mit dem Titel »Gegenübertragung als eine Leitlinie bei der Behandlung eines psychotischen Patienten«. Der Kurzabriß des Artikels liest sich wie folgt:

»Indem die Autorin Vignetten einer langen Analyse darbietet, beschreibt sie viele Variationen der Wut, welche von dem Patienten in ihr provoziert wurden. Sie zeigt, wie die Gegenübertragung das wichtigste Hilfsinstrument zur Unterscheidung zwischen den Zuständen, zum Verständis ihres Ursprunges und bei deren Durcharbeitung in der Übertragung wurde«. Dr. Bond beschreibt Gegenübertragung als »die totalen emotionalen Reaktionen des Analytikers auf den Patienten in der Behandlungssituation«. Diese enthält »die bewußten, wie auch die unbewußten Reaktionen des Analytikers auf den Patienten, Reaktionen auf die Realität des Klienten sowie auf dessen Übertragungen, und die realen, wie auch die neurotischen Bedürfnisse des Analytikers. Dies impliziert, daß die emotionalen Reaktionen des Analytikers insgeheim mit denen des Patienten verschmolzen sind, und daß Gegenübertragung, obwohl sie sicherlich meistens aufgelöst werden sollte, durchaus ein äußerst nützliches Instrument sein kann, um ein Verständnis über den Patienten zu gewinnen«.

An einem spezifischen Punkt in der Analyse ertappt Dr. Bond sich dabei, daß sie ihren Ärger direkt gegen die Klientin richtet. Dies hatte sie bis zu diesem Zeitpunkt unterlassen und sie sagt dazu: »Ich glaube, ich wußte intuitiv, daß dies genau das war, was die Patientin brauchte, und war jetzt dazu in der Lage, es zu akzeptieren. Der Umgang mit der Wut psychotischer Eltern war es, was sie krank machte, und sie mußte fähig sein, der ganzen Gewalt meiner Wut zu widerstehen, bevor sie gesund werden konnte«. Hier haben wir einen direkten Ausdruck von dem Mars der Therapeutin, der als ein Instrument zur Heilung eingesetzt wurde, was schon durch die Konjunktion mit Chiron in ihrem Geburtsbild angedeutet wurde.

Weiterhin interessant ist die große Bewußtheit, welche Dr. Bond von dem Arzt/Patient – Prozeß hat. Sie sieht ganz deutlich, daß dieser auf beide Seiten einen Einfluß ausübt, sodaß also nicht nur der Arzt einfach den Patienten heilt. Sie sagt, daß das Bedürfnis nach Wachstum und Entwicklung sowohl beim Klienten als auch beim Therapeuten stark vorhanden ist. Und »wenn der Analytiker spürt, daß seine emotionalen Reaktionen ein starkes therapeutisches Mittel sind, dann fühlt er sich freier, seinen eigenen positiven und negativen Gefühlen in der Übertragungs – Situation ins Gesicht zu blicken, muß diese weniger blockieren und kann sie zum therapeutischen Verständnis einsetzen«. (Dies spiegelt exakt die Mars/Chiron – Konjunktion an der Spitze des 8. Feldes wider.)

Dr. Steven Martin ist Jungianer und er spricht von dem Unterschied zwischen Ärger und Wut. Ärger ist seiner Meinung nach ein Gefühl, aber »Wut ist eine Emotion, welche als Reaktion auf eine Bedrohung entsteht«. Ärger ist »zweckvoll und arbeitet auf ein Ende hin«. Er erkennt die Notwendigkeit, Wut (ob offen oder unterdrückt) in Ärger zu transformieren, aufdaß sich damit konstruktiv umgehen läßt. »Ich wähle Mars und Hephaistos als zwei Gesichtspunkte von Wut. Mars bewegt sich in seinem negativen Aspekt nach außen und versucht zu vermeiden. In seinem positiven Aspekt ist er der Gott der Fruchtbarkeit. Hephaistos ist die depressive Komponente der Wut. In seinem negativen Aspekt gerät er in Rage und kocht. Seine positive Seite ist Kreativität. Beide Götter wurden von Hera geboren. Sie hatten keinen Vater; Hera schuf sie als Gegenreaktion auf die Geburt der Athene durch Zeus, welche seinem Haupt entsprang. Mars und Hephaistos wurden aus ihrer Wut und aus ihrer Unvollkommenheit geboren«.

Dr. Martin beschreibt die zweite Phase der Wut als Aphrodite — verheiratet mit Hephaistos, aber Geliebte des Mars. Die dritte Stufe war Eros, »das gemeinsame Kind von Mars und Hephaistos. Die Vaterschaft wurde nie geklärt«. Es ist interessant, über all dies nachzudenken, auch hinsichtlich anderer Bereiche der Astrologie: Hephaistos entspricht dem Vulkanus (wird von der Hamburger Schule verwendet) und Eros ist ein gebräuchlicher Asteroid.

Die Quelle für Wut ist laut Dr. Martin die Blockierung der Individuation, was Gefühle von Entrüstung und Rache aufkommen läßt. Diese Wut muß angefaßt werden, man muß damit umgehen und sie in Ärger umwandeln, bevor sie konstruktiv und heilsam werden kann. Die Wut kann »Mars–Wut sein, bei der man zuschlägt, oder Hephaistos–Wut, bei der man sich eingekerkert fühlt«.

Mit Hilfe von Chiron läßt sich der Prozeß entfesseln, um die Wut in ein nützliches Werkzeug zu verwandeln. Im Fall von Alma Bond wird er zum Hauptinstrument, aufgrund der Radix–Position, welche zwei Planeten an der Spitze des 8. Feldes verknüpft. Bei anderen Therapeuten kann er ebenso eine wichtige Rolle spielen, wenn auch vermutlich nicht unbedingt in demselben Ausmaß wie bei Dr. Bond.

Bei manchen Menschen ist Wut und Ärger die Blockierung, welche sie an ihrer weiteren Entfaltung behindert. Sobald sich das Individuum der Blokkade bewußt wird, kann diese eine Kraft zur Heilung anstatt für negative Energie sein. Philip Sedgwick drückt dies folgendermaßen aus: »Chiron repräsentiert den kleinen Rest, der vor der Vervollständigung eines Überganges ungelöst zurückbleibt. Sobald die bewußte Erkenntnis von Chiron eintritt, bewegt sich das Dilemma mit einem Ruck zur Seite und verwandelt sich zu einem unterstützenden Gesichtspunkt«. In dem Fall von Dr. Bond war es so, daß die Therapeutin, sobald sie ihrer eigenen Wut in der Form von Ärger Ausdruck verleihen konnte, von einer Blockierung befreit wurde, welche die Heilung verhindert hatte, und daß die Patientin frei ihre gehemmte Wut zeigen konnte.

Dies führt mich zu dem Gedanken, daß Chiron–Transite **Wendepunkte** sind. Als Dr. Bond der Durchbruch in ihrer Therapie gelang, aspektierte Chiron sowohl ihr Horoskop, als auch das der Patientin in signifikanter Weise. Dies ist nicht ungewöhnlich, es ist vielmehr ein übliches Vorkommnis. Wenn jemand in irgendeiner Form der Heilung oder eines wichtigen Schrittes in Richtung Ganzwerdung bedarf, und an einen Wendepunkt auf dem Weg zu diesem Ziel angelangt ist, dann wirkt Chiron fast immer auf eine der folgenden drei Arten: ein Transit von Chiron auf einen wichtigen Punkt im Horoskop, ein Transit auf den Radix–Chiron des Patienten oder eine Progression auf den Radix–Chiron. Ähnlich verhält es sich, wenn ein Arzt oder Therapeut einen Erfolg bei einem Patienten/Klienten erzielt, denn dann gibt es gewöhnlich einen Chiron–Aspekt im Horoskop des Heilers — und zwar häufig auf einen Horoskoppunkt, der auch einen Aspekt auf das Geburtsbild des Patienten hat.

Diese Wendepunkte können sich auf vielen verschiedenen Ebenen ereignen. Es kann sich um den Moment handeln, wenn jemand tatsächlich merkt, daß er ein Problem hat, welches gelöst werden sollte. Sie können in dem Augenblick eintreten, wenn der Betreffende die bewußte Entscheidung fällt, an seiner Vervollkommnung zu arbeiten. Es kann sich auch um die erste Begegnung mit dem Arzt handeln, welcher der Helfer sein wird. Oder es ist der tatsächliche Beginn des Heilungsprozesses. Bei vielen Menschen und in mehr als nur diesen Augenblicken wirkt Chiron aktiv.

Chiron wurde Ende 1977 entdeckt und seit damals gab es im Bewußtsein der Menschheit bezüglich Heilung und Gesundheit große Veränderungen. Für uns Menschen gibt es noch viele weitere Gelegenheiten, um diesen ersten Wendepunkt zu erfahren, welcher uns zur Ganzwerdung führt. So brachte der Pharmakonzern Warner–Lambert 1977 einen Schwangerschaftstest namens E.P.T. zum Selbstgebrauch auf den Markt. Damit kann eine Frau wesentlich schneller herausfinden, ob sie schwanger ist oder nicht, ohne sich dabei an einen Arzt wenden zu müssen. Dies hat in erster Linie zum Ergebnis, daß mehr Frauen in engeren Kontakt mit ihrem Körper kommen und ihn stärker kontrollieren. Aber noch bedeutsamer ist, daß dies der Auslöser für eine regelrechte Welle von Heim–Tests war. Zubehör für beinahe jeden Gesundheitstest ist erhältlich, oder wird es bald sein. (Es gibt Prognosen, nach denen der Markt für Selbsthilfe–Ausrüstungen 1988 wenigstens 1,8 Billionen Dollars umsetzen solle). Auf beinahe allem, was man kaufen kann werden die Bestandteile aufgelistet oder sind Warnhinweise aufgedruckt. In jeder Hinsicht werden die Menschen mit Informationen konfrontiert, welche zu diesem ersten Schritt führen könnten, nämlich seine Weltansicht zu ändern und sich einer holistischen Lebensweise zuzuwenden.

In einigen Briefen, die ich erhielt, wurde darauf hingewiesen, daß eine ganz spezielle Methode existiert, mit der sich der erste Schritt, den man unternehmen sollte, herleiten läßt. Betrachte das Zeichen und das Element deines Radix–Chiron, dann wende dich dem Zeichen und Element des laufenden Chiron zu. Verbinde beides und suche nach etwas, das zu der Kombination paßt. Ein Beispiel: Chiron im Steinbock und der transitierende Chiron in den Zwillingen, das ergibt Erde und Luft. Erde ist sehr physisch und materiell, während Luft geistig und intellektuell ist. Jede Therapie, welche den Geist über die Materie stellt wäre günstig, ebenso etwas, das mittels Materie das Nervensystem beeinflußt. (Ein mögliches Beispiel für diesen zweiten Zugang wäre die Magnet–Therapie.)

Ein Wort der Warnung: Chiron ist häufig beteiligt, wenn sich aktuelle Probleme entwickeln oder wenn Gesundheitskrisen entstehen. Manchmal scheint dies deshalb so zu sein, weil eine Krise vonnöten ist, bevor das Individuum in Aktion tritt — es hat frühere chironische Öffnungen ignoriert. In anderen Fällen ist Chiron mit einer Reihe von negativen Aspekten der sogenannten »Übeltäter–Planeten« verwickelt. Dann öffnet Chiron Tore und räumt Hindernisse weg. Dies dient dazu, den Spannungsaspekten von Mars, Saturn oder den anderen Planeten mehr Gelegenheiten zum Verbreiten von Schwierigkeiten zu bieten. Aber erinnere dich, Chiron ist ein Heiler.

Auch unter solchen Umständen gibt es etwas, was man tun kann (repräsentiert von Chiron), um Heilung und eine holistische Sichtweise herbeizuführen, selbst wenn man es gegenwärtig auch noch nicht wahrnehmen kann. Es ist bequem, die Schuld auf den schwierigen Aspekt abzuschieben, aber wir haben alle einen freien Willen. Benütze ihn, um dich auf Chiron einzustimmen.

Die meisten Leser dieses Buches werden in Ländern mit einer modernen und zeitgemäßen Gesundheitsfürsorge leben. Aber in weiträumigen Gebieten dieser Erde werden noch Heilpraktiken angewendet, die wir schon vor Jahrhunderten aufgeben haben und dort leiden die Menschen an Krankheiten, die in den entwickelteren Ländern ausgemerzt wurden. Aber nichtsdestoweniger funktioniert Chiron in diesen Gebieten ebenfalls. An Orten, an denen das Heilwesen vornehmlich in den Händen von Hexendoktoren liegt, kann Chiron zum Beispiel für den Patienten einen Wendepunkt bringen, indem der Geist über die Materie gestellt wird, auch wenn dies mittels Methoden geschieht, die wir schon lange als veraltet aufgegeben haben. Was ich damit sagen möchte ist folgendes: Chirons heilenden Einfluß zu verwenden heißt nicht, daß man die allerneuesten wissenschaftlichen Verfahrensweisen einsetzen muß, es bedeutet vielmehr, daß überhaupt irgendeine Methode verwendet werden muß, um Chiron zugänglich zu machen. Egal in welchem Land du lebst, egal welchen Lebenswandel du führst, der Schlüssel zu Chiron ist die Erkenntnis, daß man nur durch kontinuierliches Öffnen der Tore der Ganzheit entgegenwachsen wird. Ich möchte einen gewissen Dr. Sanford zitieren, welcher sagte: »Der Preis einer anhaltenden Gesundheit ist bei uns allen die fortwährende Entwicklung des Bewußtseins«.

Man kann beobachten, wie dieser Prozeß der »fortwährenden Entwicklung des Bewußtseins« (langsam aber sicher) auch in die Bereiche der orthodoxen Medizin eindringt. Viele Ärzte haben ein Interesse am Erlernen und Spielen von Musik gewonnen. Sie haben bemerkt, daß sie als Ausübende eines sehr entmenschlichten Berufes (die wissenschaftliche Medizin, mit all ihren Geräten und Meßinstrumenten) den therapeutischen und humanisierenden Einfluß der Musik in ihrem Leben brauchen. Andere fangen an zu malen oder Skulpturen zu fertigen. Diese Ärzte haben erkannt, daß sie ihren Patienten gegenüber einfühlsamer sein können, weil sie (durch Musik oder Kunst) besser mit ihren eigenen Gefühlen in Berührung kommen, und somit auch besser verstehen, wie ihre Patienten fühlen. (Statistische Erhebungen unterstreichen diese Notwendigkeit. Eine unter der Schirmherrschaft der American Medical Association durchgeführte Studie erbrachte, daß ein Drittel der befragten Ärzte von ihrer Arbeit »zutiefst enttäuscht« ist, und daß die Selbstmordrate der Ärzte in Amerika deutlich über dem Durchschnitt der amerikanischen Bevölkerung liegt. Außerdem haben Ärzte größere Drogen – und Alkoholprobleme als die Gesamtpopulation).

Die Ärzteschaft ist also dabei, sich durch einfache humanisierende Annäherungsversuche selber zu heilen. An den medizinischen Hochschulen im ganzen Land sind oder werden Kurse in Kunst, Literatur, Ethik und anderen Geisteswissenschaften eingerichtet. Ein anderes Signal für diesen Trend ist die wachsende Zahl von Arzt/Künstler–Organisationen, die am Entstehen sind, aber auch die Konzerte, die von Ärzten als Musikern gegeben werden.

Astrologen und holistische Heiler wußten schon seit Jahrhunderten, was es bedeutet, die Künste in seinen täglichen Lebenslauf mit einzubeziehen. So sind zum Beispiel viele zeitgenössische Astrologen auch begabte Komponisten, erwähnt sei in diesem Zusammenhang etwa Dane Rudhyar. Es ist interessant, daß dies auch den alten Griechen bekannt war, und höchstwahrscheinlich haben sie es von noch viel älteren Kulturen übernommen.

Chiron ist der Repräsentant dieser notwendigen Verbindung. Wenn Chiron laut Mythologie seine Heilkünste lehrte, dann schloß er die Musik immer als einen sehr wichtigen Punkt mit ein. Kenneth Negus hat darauf aufmerksam gemacht, daß Chiron mit der Kithara sogar sein eigenes spezielles Saiteninstrument hatte, auf dem er ständig spielte. Musik (wie Kunst überhaupt) ist eine wichtige Zutat in der Mischung, die man braucht, um seine menschlichen und tierischen Seiten auszugleichen. »Der Zauber der Musik besänftigt das wilde Tier«, sagte schon Shakespeare. Ohne Kunst kann Heilung nicht vollkommen sein. Eine sterile Welt ist prima, um Bakterien fernzuhalten, aber nicht um einen gesunden Menschen zu schaffen.

Viele Astrologen erzielen Fortschritte in der Zusammenarbeit mit Ärzten verschiedener Fachbereiche. Es gab zahlreiche Erfolge bei der Unterstützung von Psychotherapeuten. Nun müßte das Bewußtsein um Chiron die engen Bande zwischen den Heilkünsten und »der Musik der Sphären« zusammenschnüren.

Ich eröffnete dieses Kapitel mit einer Beschreibung, wie es zum Mißbrauch der Antibiotika kam. Ich möchte mit nachfolgender Information abschließen. 1977, also in dem Jahr der Entdeckung Chirons beantragte die Food and Drug Administration, Penicillin und Tetracyclin im Viehfutter zu verbieten, weil man befürchtete, daß dieser Brauch eine ernsthafte Bedrohung für die Menschen darstellen könnte. Der Kongreß war jedoch der Ansicht, daß zuwenig Beweise für diese Behauptung vorlägen, und es wurde kein Verbot erlassen. Zwischenzeitlich wurden aber ständig neue Tatsachen und Zahlen veröffentlicht — eine ganze Lawine von Informationen gab es seit Chirons Eintritt in die Zwillinge. So zum Beispiel, daß schon 25% der Grippebakterien gegen Penizillin resistent sind. Der Gesetzentwurf wurde nochmals eingereicht und wird verabschiedet werden.

DIE ANWENDUNG

Wie anfangen?

Als erstes muß man selbstverständlich die Position von Chiron im Horoskop feststellen. Wer mit einer Ephemeride umzugehen weiß, kann sich eine Ausgabe beim *Chiron Verlag* bestellen. Wer nicht mit Ephemeriden vertraut ist, oder die Berechnungen machen lassen möchte, dem sei gesagt, daß es inzwischen auch schon Computerdienste gibt, die Chiron berechnen. Versuche es mit *Astro Brain International,* Glenview House, IRL–Portsalon, Co. Donegal, Irland. Wer seinen eigenen Computer hat und sich ein Astroprogramm mit Chiron zulegen möchte, kann sich an *Astron*, Peter Marquardt Str. 4a, D–2000 Hamburg 60 wenden.

So nun hast du also dein Horoskop mit Chiron berechnet. Wie geht es jetzt weiter? Du kannst an jedem x–beliebigen Punkt beginnen, aber ich halte die folgende Verfahrensweise für die beste. Versuche es, und es bleibt dir immer noch selber überlassen, wenn du danach eine eigene Methode entwickeln möchtest.

Zeichne also dein Horoskop, aber lasse Chiron, Uranus, Neptun, Pluto und alle Asteroiden vorläufig weg. Interpretiere es nun ausgehend vom dem, was da ist und so vollständig wie du kannst. Betrachte dies als dein Grundwesen, dein Saat–Potential.

Dann nimm Uranus, Neptun und Pluto hinzu. Führe die Deutung fort, dehne sie auf den Samen aus, suche nach Wegen, die sein Wachstum fördern und halte Ausschau danach, wie er sich in das Universum einfügt.

Ziehe jetzt Chiron mit hinzu und du bist bereit, ihn zu interpretieren. Erinnere dich daran, daß Chiron die Brücke zwischen Saturn und Uranus ist und daß er dir helfen wird, den Samen gedeihen und mit den universellen Prinzipien fließen zu lassen.

1. Stelle dir zunächst die Frage, ob Chiron sich in rechtläufiger oder rückläufiger Bewegung befindet? Läuft Chiron direkt, dann ist er seit frühester Kindheit ein integrierter Bestandteil der Persönlichkeit. Der Horoskopeigner nimmt ihn als einen Teil seines Selbsts an, egal ob er diese Seite an sich mag oder nicht. Ist er dagegen retrograd, dann traten im Leben dieses Menschen vermutlich schon sehr früh Widerstände gegen Chiron auf. Der Betreffende war in einigen Bereichen anders, obwohl er es gar nicht sein wollte. Mit zunehmender Reife akzeptiert die Person mit rückläufigem Chiron die-

sen nicht nur, sondern ist sogar stolz darauf, einzigartig zu sein und geht häufig soweit, dies in ihrer Persönlichkeit hervorzuheben. Dies tritt vor allem dann ein, wenn Chiron in der Progression direktläufig wird.

2. Wo steht Chiron in Bezug auf Perihel und Aphel? Benütze dazu die folgende Tabelle:

Perihel	**Aphel**
16. März 1895	2. Juni 1920
29. August 1945	7. Dezember 1970
14. Februar 1996	

Nachdem du herausgefunden hast, in welche Richtung sich dein Chiron bei der Geburt bewegt hat, beachte noch einen weiteren Punkt: Wurdest du in einem Zeitraum von sieben Jahren vor einem dieser Daten geboren? Wenn ja, dann halte dies fest, denn es könnte wichtig werden.

Vom Perihel zum Aphel

Wenn man während dieser Periode geboren wurde, dann bewegte sich Chiron von Saturn weg und auf Uranus zu. Die Welt erholte sich von den Auswirkungen eines zu starken saturnalen Einflusses. Astrologisch gesehen ist es notwendig, die uranischen Schwingungen zu erhöhen, um der Welt das Gleichgewicht wieder zurückzugeben, wenn der Saturn überwiegt. In dieser Phase tendiert sich alles auf die Zukunft hin, öffnet sich und experimentiert; explosionsartig kommt es zu einem wissenschaftlichen Fortschritt; das öffentliche Interesse richtet sich auf die persönliche Freiheit und die Grundrechte des Menschen; es ist der geeignete Zeitpunkt, um mit der Tradition zu brechen. Wird man in solch eine Zeit hineingeboren, dann bekommt Chiron diese Färbung. Man verspürt den Drang zu heilen, indem man Grenzen überschreitet, das persönliche Bewußtsein ausdehnt und anderen hilft, ihre festgefahrenen Geleise zu verlassen. Man muß Uranus zu Saturn hinbewegen, um Türen zu öffnen und bestehende Strukturen zu revolutionieren. Man kann die Zielrichtung seines Lebens darin sehen, Prometheus von den Ketten zu befreien und dadurch den Schmerz und das Leiden des Selbsts oder anderer zu beenden.

Geburt sieben Jahre vor dem Aphel

Die Daten in der Tabelle beziehen sich auf den Wechsel der Laufrichtung Chirons in Beziehung zur Sonne. Dies ist wohlgemerkt nicht dasselbe, wie wenn er in seiner geozentrischen Bewegung scheinbar direkt– oder rückläufig ist.

Wenn eine Person diesen Wechsel in der Bewegungsrichtung Chirons (hin oder weg von der Sonne) vor dem ersten Saturn – Quadrat auf den Natal-Saturn im Alter von sieben Jahren erfährt, dann gibt es einen gewaltigen Umbruch im Bewußtsein des Kindes. Zunächst wächst es auf während Chiron sich vom Perihel zum Aphel bewegt und orientiert sich an Uranus. Der Richtungswechsel korrespondiert mit einem Umschwung des Bewußtseins auf Saturn hin. Die Weltgeschehnisse um die Zeit des Aphels herum zeigen in drastischer Weise die Folgen eines übergroßen Einflusses von Uranus: kein Respekt weder für Werte, Gesetze, noch Traditionen; Familien sind strukturlos, die Gesellschaft ist wenig kooperativ. Das Aphel meldet sich mit einer derartigen Intensität an, daß es sich unauslöschbar in der Psyche einprägt. Das Resultat: man trägt zwei widerstreitende Orientierungen in sich. Die neue saturnale Ausrichtung beherrscht nun das Bewußtsein und verweist die bisherige in den Hintergrund. Tatsächlich tritt sie stärker zutage als bei den Menschen, die geboren wurden, während Chiron sich vom Aphel zum Perihel bewegte (mehr dazu später).

Schließlich wird ein neues Bewußtsein erwachen, nämlich daß ein Zuviel von Saturn genauso wie von Uranus ein Ungleichgewicht bedeutet. Wird man genau vor dem Wechsel der Bewegungsrichtung geboren, dann wird man mit der Fähigkeit zu einer bemerkenswerten Einsicht beschenkt: man weiß, wie Saturn und Uranus in Harmonie zusammenarbeiten können. Ein recht guter Weg, um zu dieser Erkenntnis zu gelangen, wäre, die Ereignisse in der Welt und in der eigenen Umgebung zum Zeitpunkt des Aphels zu studieren. Demjenigen, der erst ein paar Monate alt war, dürfte dies schwerfallen, es sei denn, er kann Informationen von älteren Verwandten zusammentragen. Aber wenn man sich an die Ereignisse um jenen Zeitpunkt erinnern kann, dann ist dies eine große Hilfe, um den Übergang zu bewältigen.

Man hat Prometheus ohne Ketten gesehen und die wichtigste Schubkraft des Lebens ist die Verantwortung, diese Energie am besten zu verwirklichen. Es ist sehr wichtig, daß alles, was man opfert, wirklich von Wert ist, und nicht nur eine Verschwendung von Energie darstellt. Symbolisch hat man erlebt, wie Chiron sein Leben für Prometheus hingab. Diese Vision trägt zur Entwicklung einer sachlicheren und ernsthafteren Seite und zu einem inneren Gefühl der Leere bei. Diese Leere muß man füllen.

Vom Aphel zum Perihel

In dieser Periode bewegte Chiron sich von Uranus weg und auf Saturn zu. Die Welt erholte sich von einem zu starken Uranus – Einfluß. Wenn Uranus überwiegt, dann ist eine Verstärkung der saturnalen Schwingungen notwendig, um wieder ein Gleichgewicht zu erlangen. Man wendet sich Recht und Ordnung zu, versucht Strukturen zu finden und die Dinge wieder zusammenzubringen; alle Welt ruft nach einer Rückkehr zu den alten Traditionen; ein konservativer Wind bläst in der Gesellschaft; Patriotismus, konkrete Werte, gezügeltes Verhalten und der Schutz der Gemeinschaft werden großgeschrieben. Wird man in dieser Zeit geboren, dann ist der eigene Chiron von diese Orientierung gekennzeichnet. Das Verlangen, anderen den richtigen Lebenswandel beizubringen, ist stark. Man entwickelt angenehme Umgangsformen und die eingehende Kenntnis seiner selbst und der eigenen Vergangenheit. Man drängt darauf, die Welt von ihren negativen Einflüssen zu befreien, sie von ihren Problemen zu reinigen. Ein Hauptbedürfnis ist es, Saturn dem Uranus näherzubringen: man will die Individualität in Bahnen lenken und die Talente so einsetzen, daß sie einen Beitrag zur Gesellschaft leisten. Das Lebensziel ist zum einen, Perfektion zu erlangen (weil sich Chiron auf Saturn zu bewegt), und zum anderen, eins mit dem Universum zu werden, was symbolisch durch Chirons Plazierung ans Firmament ausgedrückt wird.

Geburt sieben Jahre vor dem Perihel

Erlebt man diesen Umschwung vom Aphel zum Perihel vor dem ersten Saturn–Quadrat zum Radix–Saturn um das siebte Lebensjahr herum, dann zeichnet sich im Bewußtsein des Kindes eine gewaltige Veränderung ab. Es wächst in den ersten Jahren mit einer Saturn–Orientierung auf, aber die Umkehr der Bewegung geht einher mit einer Verschiebung des Bewußtseins zu Uranus hin. Um die Zeit des Perihels herum zeigen sich die Auswirkungen von Saturn besonders deutlich: Die Welt ist beherrscht von Diktaturen, Sklaverei, Restriktionen, Stagnation und Verordnungen. Das Perihel kommt mit einer derartigen Intensität, daß es sich untilgbar in die Psyche einprägt. Als Ergebnis entstehen zwei widerstreitenden Orientierungen, wobei die Bewegung in Richtung Uranus das Bewußtsein beherrscht. Tatsächlich tritt dies sogar stärker zutage als bei den Menschen, die geboren wurden, als Chiron sich vom Perihel zum Aphel bewegte (siehe oben).

Auch hier wird sich schließlich etwas ähnliches einstellen, wie bei den Menschen, die sieben Jahre vor dem Aphel geboren wurden (siehe oben). Es wird einem bewußt, daß ein Zuviel von Uranus oder Saturn ein Ungleichgewicht bedeutet. Wird man genau vor dem Wechsel der Bewegungsrichtung geboren, dann wird man mit der Fähigkeit zu einer wirklich bemerkenswerten Einsicht beschenkt, die man anderen vermitteln kann, nämlich der Erkenntnis, wie Uranus und Saturn zusammenarbeiten können. Ein guter Weg, um zu dieser Einsicht zu gelangen wäre wiederum, die Ereignisse in der Welt und der näheren Umgebung intensiver zu studieren, wobei man gegebenenfalls auf die Informationen von älteren Verwandten zurückgreifen muß. Aber wenn man sich an die Ereignisse um jenen Zeitpunkt herum erinnern kann, dann kann dies sehr gut zur Bewältigung dieses Überganges beitragen.

Man erlebte Chirons Aufenthalt innerhalb der Umlaufbahn von Saturn, symbolisch ausgedrückt durch seinen Tod und seine Unsterblichwerdung. Und man hat den Anfang eines neuen Zyklus erlebt, durch den Chiron wiederum zum Ratgeber Jupiters wurde. An beiden Enden und Anfängen angelangt orientiert man sich an einem neuen Höhepunkt und wendet sich einer neuen Suche zu. Man wird nie mit dem Erreichten zufrieden sein. Es wird immer eine neue Mauer zu erklimmen und neue Fesseln zu sprengen geben.

3. Erforsche Chirons Position in den Zeichen. Hierzu kann man vielleicht das entsprechende Kapitel in meinem ersten Buch mit dem schlichten Titel *Chiron* lesen. Die Zeichenstellung hat viel mit dem persönlichen Imperativ des Lebens zu tun. Sie steht in Verbindung mit den Problemen, mit denen sich die Eltern bei der Geburt auseinandersetzten. Es könnte von Interesse sein, daß Chiron sich aufgrund seiner exzentrischen Umlaufbahn in manchen Zeichen sehr viel länger aufhält als in anderen. Die kürzeste Zeitspanne von knapp zwei Jahren verbringt er in der Waage. Steht Chiron in der Waage oder einem der Nachbarzeichen, dann gehört man zu einer Minderheit der Bevölkerung. Dagegen verweilt er im Widder mehr als acht Jahre, folglich werden wesentlich mehr Menschen mit Chiron in diesem Zeichen geboren.

4. Untersuche den Tierkreisgrad von Chiron. Hierfür benötigt man ein Buch, das sich mit der Symbolik der 360 Tierkreisgrade befaßt. Es gibt viel Literatur zu diesem Thema, aber ich persönlich bin am besten mit den sabischen Symbolen zufrieden, so wie sie von Dane Rudhyar in seinem Buch *Astrologie der Persönlichkeit* beschrieben werden. Ganz gleich mit welchem System man arbeitet, man kann von den Bildern, welche die Symbole im Geiste wachrufen, sehr gute Einsichten gewinnen. Nicht nur die Grundbedeutung ist wichtig, sondern die Meditation darüber wird helfen, diese Energie am besten zu entwickeln.

5. Befasse dich mit der Felderposition Chirons. Auch hierzu kann man wieder mein erstes Buch heranziehen und im entsprechenden Kapitel nachlesen. Man sollte dabei im Gedächtnis behalten, daß das Haus Chirons jenen Bereich beschreibt, in dem man eine Lektion zu lernen hat, **nachdem** man bereits eine saturnale Lehre hinter sich hat. Dieses Feld bezeichnet häufig einen unmittelbar gegebenen Bewußtseinsinhalt des Jetzt. Wenn sich hier Probleme auftun, dann darf einem nichts mehr im Wege stehen, um diese unverzüglich zu beseitigen. Chiron kann so wirken, daß er die diesem Feld innewohnende Grundenergie erweckt und einem so deren grenzenlose

Verwendung ermöglicht. Dies kann gut oder schlecht sein. Es kann die Energie sein, welche man zur Heilung anzapft, aber genausogut auch Energie für negative Zwecke. Die Wahl liegt bei einem selber, aber man sollte sich an Chirons Beziehung zu Saturn und Uranus erinnern! Der negative Gebrauch von Chiron führt möglicherweise zu Zerrüttung und Zusammenbruch, oder Einschränkung und Strafe.

6. Finde die Halbsumme von Saturn und Uranus. Es spielt keine Rolle, in welches Feld sie fällt, oder ob Chiron einen Aspekt dazu bildet. Der Radix-Chiron macht es möglich, die Energie, die von dieser Halbsumme ausströmt, zu erschließen. Man stelle sich die schöpferische Kraft vor, die freigesetzt wird, wenn die Erfahrungen der Vergangenheit mit den Möglichkeiten der Zukunft vereint werden und genau jetzt in der Gegenwart benützt werden. Nun, wenn man seinen eigenen Chiron kennenlernt, dann findet man Zugang zur Energie der Saturn/Uranus – Halbsumme, einerlei in welchem Feld diese nun steht. Man kann auch den Tierkreisgrad für diese Halbsumme erforschen.

7. Nun ist es Zeit sich die Aspekte anzusehen. Das nächste Kapitel wird sich ausschließlich mit den Winkelbeziehungen befassen.

Aspekte

Chiron ist ein kleiner Himmelskörper. Es ist wahr, daß er beinahe so stark wirkt wie ein Hauptplanet, aber ich fand heraus, daß die Orben für die Aspekte Chirons etwas geringer sind, als bei größeren Planeten. Viele Leute haben mir geschrieben, daß sie meine Orben für zu klein halten, aber ich stellte keine klaren und deutlichen Auswirkungen fest, wenn ich größere Orben verwendete, als die in der nachfolgenden Tabelle. Wenn Chiron allerdings Teil einer Aspektfigur ist, dann meine ich, kann der Orbis auch ausgedehnt werden.

	Sonne	Mond Mc, Ac	Planeten und Mondknoten	Asteroiden	Halbsummen und Senitive Punkte*
Konjunktion	5°00'	3°00'	3°00'	1°30'	1°00'
Halbsextil	2°00'	2°00'	1°00'	0°30'	
Undecim	1°00'	1°00'	0°30'	0°15'	
Halbquadrat	3°00'	3°00'	1°30'	0°45'	
Septil	2°00'	2°00'	1°00'	0°30'	
Sextil	3°00'	3°00'	1°30'	0°45'	
Quintil	2°00'	2°00'	1°00'	0°30'	
Quadrat	5°00'	5°00'	3°00'	1°30'	1°00'
Trigon	5°00'	5°00'	3°00'	1°30'	
Andrerthalbquadrat	3°00'	3°00'	1°30'	0°45'	
Biquintil	2°00'	2°00'	1°00'	0°30'	
Quincunx	2°30'	2°30'	1°30'	0°45'	
165°-Aspekt	1°00'	1°00'	0°30'	0°15'	
Opposition	5°00'	5°00'	3°00'	1°30'	1°00'

* Bei Halbsummen und Senitiven Punkte verwende ich nur Konjunktionen, Quadrate und Oppositionen

So, nun hast du also dein Horoskop überprüft und einige Chiron–Aspekte gefunden. Wie werden sie gedeutet? Auf den folgenden Seiten möchte ich ein paar Hinweise geben für Chiron in Konjunktion, Sextil, Quadrat, Trigon, Quincunx und Opposition zu allen Hauptplaneten, den Mondknoten und den Kardinalpunkten. Chiron wirkt zwar auch in anderen Aspekten, aber ich habe diese noch nicht eingehend untersucht. Dennoch möchte ich hier ein paar Richtlinien geben:

Halbsextil. Man sollte diesen kleinen Aspekt nicht übersehen. Hier vermittelt Chiron die Fähigkeit sich über, unter und um kleine Hindernisse herumzulotsen, aber auch einen sechsten Sinn für Hintertürchen oder Ritzen, durch die man hindurchschlüpfen kann. Der aspektierte Planet ist der Teil des Selbsts, welcher das Manöver unternimmt. Steht Chiron 30° vor dem anderen Planeten, dann geschieht dies in der Regel subtil und hinter der Kulisse; manche merken vielleicht gar nichts davon. Steht Chiron 30° hinter dem Planeten, dann ist dieses Manövrieren offensichtlicher und mehr eine Tatsache.

1/11 (Undezim). Dies ist meine Bezeichnung für einen selten gebrauchten Aspekt, welcher den Kreis durch 11 dividiert und 32°43'38" hat. Dieser Winkel und seine Vielfachen (2/11, 3/11, etc.) verweisen auf den Prozeß, durch den einem bewußt wird, daß man nicht in einem Vakuum lebt: daß es manchmal Zeiten gibt, in denen man aus sich herausgehen muß, um Hilfe zu suchen. Ich stellte fest, daß eine Person ein umso größeres soziales Bewußtsein hat, je mehr Vielfache des Undezims im Horoskop auftreten. Chiron leitet den Geborenen so, daß er außerhalb Hilfe sucht, um Probleme bezüglich des aspektierten Planeten zu heilen und zu lösen. Der Undezim (und seine Vielfachen) scheinen den aspektierten Planeten leicht in eine Gruppensituation zu bringen, um durch die Gruppenarbeit bei der Beseitigung von Schwierigkeiten zu helfen.

Halbquadrat. Der Geborene spürt einen gewissen Zwang, den Planeten, welcher den Winkel mit Chiron eingeht, zu benützen. Es ist ihm unmöglich, die vorhandenen Energien leer laufen zu lassen. Außerdem möchte er den aspektierten Planeten durch Chiron gestalten, ihn unter Kontrolle halten und mittels beider beteiligten Planetenkräfte seine Ziele erreichen und Begonnenes vollenden.

Septil. Chiron ist in diesen Menschen oft aktiv, selbst wenn er keinen anderen Aspekt im ganzen Horoskop hat. Wannimmer das Individuum einen Grund hat, die andere Planetenenergie des Winkels zu verwenden, ist Chiron automatisch mitbeteiligt. Der betreffende Planet und Chiron können im Moment scheinbar mit völlig unzusammenhängenden Dingen befaßt sein. Aber die Aktivierung des einen verursacht gleichzeitig eine Aktivierung des anderen. Es scheint so, daß der eine nicht in Aktion treten kann, ohne den anderen zum Leben zu erwecken. In diesen Menschen ist Chiron ein so eindeutiger Teil ihres Schicksals, daß sie ihm ständig von Angesicht zu Angesicht gegenüberstehen und ihn zu einem Teil ihrer bewußten Welt machen. Diese Menschen können zu einer großen Kraft für gesellschaftliche Veränderungen werden, und sie werden das Septil Chirons als ihr größtes Geschenk wahrnehmen, sobald sie erkennen, daß Chiron nicht gemieden werden kann, und sobald sie bewußt akzeptieren, daß Chiron einen tagtäglichen Einfluß ausübt. Das Septil befähigt diese Personen, über Beschränkungen hinauszublicken, zum Beispiel wenn einem gar nicht bewußt ist, daß diese Grenzen existieren. Es kann jemanden veranlassen, einen neuen Route einzuschlagen, auch wenn es anfänglich gar nicht beabsichtigt war.

Vergiß nicht das Bi – Septil und das Tri – Septil. Die Grundthemen sind die gleichen, obwohl die Resultate des Aspekts beim Bi – Septil deutlicher und sichtbarere hervortreten, während sie sich beim Tri – Septil etwas subtiler ausdrücken.

Quintil. Das Quintil ist ein besonderer Aspekt. Bei Quintilen mit Chiron äußert sich dies vornehmlich in der Kreativität, mit der man über den Alltag und die Grenzen seiner Arbeit hinausgelangt und alternative Wege entdeckt. Oder man findet Teile des Puzzles, die man sonst übersehen würde. Dies ist ein ausgezeichneter Aspekt in den Horoskopen von Heilern, denn er verleiht die Fähigkeit, mit einer Therapie anzutreten, die sich völlig von dem unterscheidet, was andere verschreiben würden, und dennoch zum Erfolg führt. Was diesen Winkel so günstig macht ist folgendes: sobald der Betreffende etwas abseits der gegenwärtigen Realität gefunden hat, gelingt es ihm, dies in schon Bestehendes so zu integrieren, als ob es schon immer ein Teil dessen gewesen wäre.

Mit dem Bi – Quintil verhält es sich ähnlich, außer daß man sich dieses Energieflußes weniger bewußt ist und ihn eher als selbstverständlich voraussetzt.

Anderthalbquadrat. Chiron bringt die Energien des aspektierten Planeten zunächst in einen Stillstand, was dazu führt, daß man gezwungen wird, seine persönliche Grundstruktur neu auszurichten. Dadurch bleibt man aber andererseits immer in Bewegung und der aspektierte Planet wird auf die Dauer in einen Zustand der Ruhelosigkeit versetzt.

Nun werde ich zu den Deutungen übergehen. Der erste Punkt, der sich bei Aspekten von Chiron (egal welchen) beobachten läßt ist, daß er den größeren Einfluß auf den aspektierten Planet zu haben scheint als umgekehrt. Dies *kann* auf der Tatsache basieren, daß Chiron erst vor kurzem in unser Bewußtsein eingedrungen ist. Deshalb spüren wir vermutlich seine Auswirkungen gerade deutlicher als die der traditionellen Planeten. Es kann aber auch durchaus sein, daß sich diese Tendenz als beständig erweist, ganz gleich wieviel wir über den kleinen Planeten noch dazulernen. Im Augenblick ist Chiron jedenfalls mehr ein beeinflussendes, als ein beeinflußtes Objekt.

Der zweite wichtige Punkt ist, daß Chiron auf einen Aspekt nicht immer genau gleich reagiert wie die anderen Planeten. Chiron, der nun einmal ein Außenseiter ist, hat die Neigung, sich in jedem Aspekt einzigartig zu verhalten. Somit kann man nicht einfach die herkömmlichen Bedeutungen des Trigons oder des Sextils übertragen, Chirons Stichwörter einsetzen und es dabei belassen. Man muß stattdessen in jedem Chiron–Aspekt etwas besonderes, anderes und einmaliges sehen.

Beginnen wir also mit den Aspekten zur Sonne und bewegen uns dann allmählich zu den äußeren Planeten.

Aspekte mit der Sonne

Die Sonne ist die Quelle der Lebensenergie und das bewußte Selbst des Menschen. Jeder Aspekt Chirons mit der Sonne führt dazu, daß der Geborene sich in der Art, wie er sich selber sieht, von anderen unterscheidet und folglich auch in dem Zielbewußtsein, welches er entwickelt.

Auf die Dauer wird der Geborene in den Augen seiner Mitmenschen als Sonderling betrachtet, als jemand, der seinen ganz speziellen Lebensweg verfolgt, ohne auf die von der Gesellschaft vorgezeichneten Bahnen zu achten. Bei den harten Aspekten zeigt sich dies besonders stark, aber selbst die kleineren Aspekte erzeugen einen ähnlichen Effckt. Bei Chiron/Sonne–Aspekten liegt die Tendenz vor, einen › Überheblichkeits–Komplex ‹ zu entwickeln, obwohl dies nicht zwangsläufig der Fall ist (da es auch noch andere Faktoren im Horoskop gibt). Aber selbst bei denjenigen, die sich nicht über andere stellen, bewirken Chiron/Sonne–Aspekte ein gewisses Gefühl von › Schicksal ‹, das sie in eine bestimmte Richtung leitet. Nicht daß sie die besten in ihrem Bereich wären (auch wenn manche es meinen), aber sie sind die einzigen, die einen speziellen Gesichtspunkt ihres Berufes verstehen. Oder sie verwenden eine Methode, die niemand anderem entspricht. Diese Menschen haben eine starke kreative Veranlagung und sie besitzen eine Originalität, die sie berühmt machen kann; sie sind charismatisch, aber gleichzeitig sind andere ihnen gegenüber argwöhnisch.

Sonne Konjunktion Chiron

Die in dem vorigen Abschnitt beschriebenen Züge treten hier sehr intensiv zutage. Diese Menschen sind ganz eindeutig Originale und leiten häufig neue Initiativen in die Wege. Meistenteils sind sie geistreich und voller Witz;

sie erreichen ihre Mitmenschen auf allen Ebenen, so als ob sie gleichrangig wären. Aber nichtsdestoweniger sind diese Geborenen von einer Barriere umgeben, welche die wenigsten zu durchbrechen vermögen. Sie können viele Menschen, ja sogar ganze Interessengruppen, mit ihren Standpunkten befremden. Aber dies geschieht meistens deshalb, weil diejenigen, die sich betreten fühlen, nicht durchschauen können, warum der Chiron/Sonne–Mensch nicht katzbuckelt, und sich nicht anpaßt oder an traditionelle Regeln hält. Tatsächlich setzen sie sich über viele Regeln hinweg (obwohl ihnen niemand zuwider ist, der sie befolgt). Sie tendieren dazu, solche Leute besonders zu meiden, die sagen: »Das kann man nicht machen« oder »Es geht nicht auf diese Weise«. Aber nicht nur das, sobald sie sich entschieden haben, wie sie sich, ihre Ziele und ihr kreatives Wesen zum Ausdruck bringen wollen, weigern sie sich, irgendwelche Hindernisse auf ihrem Weg zu akzeptieren. Diese Verweigerung führt sie in viele neue Welten, und befähigt sie, Elemente und Ideen miteinander zu verknüpfen, an die andere niemals gedacht hätten. Die meisten mit diesem Aspekt empfinden eine große Anteilnahme für ihre Mitmenschen und deren Probleme, aber sehr oft erwecken sie den Eindruck, als ob sie nicht von persönlichen Problemen gelangweilt werden möchten. (Dies mag nicht auf alle zutreffen, aber es ist oft so.) Zusammenfassend können wir sagen, daß diese Horoskopeigner durch das Leben gehen, indem sie zwei Fraktionen von Menschen um sich sammeln: die, von denen sie gemocht werden und die, denen sie unsympathisch sind. Es ist sehr, sehr schwierig, diesem Menschentyp gegenüber indifferent zu sein.

BEISPIELE FÜR SONNE KONJUNKTION CHIRON. Jean–Claude Killy, Huey P. Long, Vance Brand, Howard Cosell, Jean Cocteau, Jeff Bridges, Willie Mays, Mercedes McCambridge, Marlene Dietrich, Shirley Temple, Doris Day, Gale Storm, Reinhardt Stiehle, Kenneth Noland, Alene Duerk, Louis de Broglie, Serge Rachmaninoff, Suzanne Sommers, Don McLean, Bernhard Goetz, Christopher Atkins, Königin Elisabeth II., Minnie Ripperton.

Sonne Sextil Chiron

Diese Menschen benützen ihre besonderen Charaktermerkmale, um dahin zu gelangen, wohin sie wollen. Sie lassen Begrenzungen ohne große Schwierigkeiten hinter sich und scheinen eine Freude daran zu haben. Deshalb bringen sie vermutlich auch viel Verständnis für jene mit, die von der Norm abweichen und können gut mit ihnen zusammenarbeiten (wenn sie wollen). Normalerweise besagt ein Sextil, daß man große Vorteile ernten kann, wenn man etwas Mühe aufbringt. Dies trifft auch hier zu, aber mit einem ungewöhnlichen Nebeneffekt: diese Menschen scheinen unfähig zu sein, das Aufbieten von Anstrengung zu vermeiden. Chiron scheint sie immer dazu veranlassen, etwas anderes zu tun, sodaß sie dazu tendieren, zuviel zu unternehmen. Sie haben beinahe immer ihre Anhänger, auf der anderen Seite sind sie aber auch von Menschen umgeben, die sich überhaupt nicht um sie kümmern. Diese Absonderung ist nicht so scharf wie bei der Konjunktion, aber dennoch spürbar vorhanden.

BEISPIELE FÜR SONNE SEXTIL CHIRON: Dick Martin, Lawrence Welk, Edouard Lalo, Alfred de Musset, Gamal Abdul Nasser, Larry Csonka, Mike Schmidt, Kris Kristofferson, Robert Redford, Nathan Leopold, Paul Crafton.

Sonne Quadrat Chiron

Hier haben wir eine Person, die ernsthaft bestrebt ist, die Welt zu verändern, obwohl sie vielleicht niemals direkt etwas in dieser Hinsicht unternimmt. Für dieses Bedürfnis gibt es sehr subjektive Gründe: dieser Mensch hat wenigstens eine, aber meistens mehrere Veränderungen des Selbstbildes und des Zielbewußtseins durchgemacht. Jedes Chiron–Quadrat wirft den anderen beteiligten Planeten aus der Balance, sodaß der Geborene sich Zeit nehmen muß, um das Gleichgewicht wiederherzustellen. Sobald diese Person gelernt hat, einen Teil des Selbsts für Veränderungen offenzuhalten, und sobald sie auch begriffen hat, daß sich das Selbstbild den neuen Verhältnissen anpassen muß, wird sie von der Entdeckung des Selbst und des Universums erfaßt. Während dieser Prozeß abläuft, sollte sie damit beginnen, etwas zum Wohle der Welt zu unternehmen: ein Ungleichgewicht korrigieren, eine Türe öffnen, lehren oder forschen. Es gibt Leute, die niemals Veränderungen akzeptieren und deshalb gezwungen werden, einen Zerrüttung nach der anderen zu meistern. Wenn sie ständig gegen die heilende Kraft von Chiron ankämpfen, dann kann diese Winkelspannung zu einem Symbol für Verfolgungsängste werden, weil beinahe alle Störungen als von äußeren Kräften kommend interpretiert werden.

BEISPIELE FÜR SONNE QUADRAT CHIRON: Dr. Tom Dooley, Rudolph Nureijew, Art Garfunkel, J. Edgar Hoover, Albert Dyer, Charles Gounod, Louis Pasteur, Frank Sinatra, Susan Hayward, Henry (Scoop) Jackson, Ross McDonald, Gay Talese, Edith Custer, Jean Sibelius, Robert Holbrook Smith, Nancy Reagan.

Sonne Trigon Chiron

Wenn die anderen Merkmale des Horoskopes nicht entscheidend schwerer wiegen, dann ist diesen Geborenen eine Begeisterung für die Wunder des Lebens und eine Liebe für alle Überraschungen, die es mit sich bringt, zueigen. Damit können sie ihre Mitmenschen anstecken. Den meisten gelingt es auch, ihre Begeisterungsfähigkeit künstlerisch sehr gut zu verarbeiten, obwohl nicht alle diese Möglichkeit ausschöpfen. Aber dieser Winkel hat noch eine andere Seite. Die Sonne hat neben den kreativen Kräften auch mit dem Selbstbild, dem Lebenswillen und der Zielstrebigkeit zu tun. Ein Trigon Chirons erschließt immer einige neue Kriterien der Persönlichkeit, die sich entwickeln lassen, oder neue Themen, die sich erforschen lassen. Phasenweise hat dies für die betroffenen Menschen durchaus einen Reiz, aber zu gewissen Zeiten provoziert dies innere Kämpfe. Schon im jungen Alter erlangen sie eine starke innere Gewißheit darüber, wer sie sind und was sie wollen. Das Chiron–Trigon trägt diese neuen Gesichtspunkte des Ichs in jene Bereiche hinein, in denen der Geborene eine völlige Selbsterkenntnis zu haben glaubte. Wenn sich dieser Mensch nun hinter seinem starken Selbstbild verschanzt, dann werden diese neuen Elemente entweder unterdrückt (und arbeiten auf einer unterbewußten Ebene weiter) oder so zurechtgebogen, daß sie sich in das bestehende Selbstbild einfügen. Wenn eine dieser beiden Situationen eintritt, kann es zu einem Schneeball–Effekt kommen, weil auch andere Einsichten auf ähnliche Weise unterdrückt oder angepaßt wurden. Es ist offensichtlich, welche Gefahren dieser Prozeß in sich birgt, falls er über einen längeren Zeitraum hinweg andauert. Sollte die Person sich andererseits weigern, das aufkommende Neue zu erkunden, weil sie sich zu eng an zu begrenzte Definitionen hält, dann wird das Leben immer weniger erfüllend und zusehends realitätsfremd werden. Wenn so ein Mensch im Verlaufe dieses Prozesses irgendwo Hilfe erhalten kann, dann läßt sich das Negative selbstverständlich in etwas Positives wenden und kann wahre Lebensfreude bringen.

BEISPIELE FÜR SONNE TRIGON CHIRON: Luciano Pavarotti, David Cassidy, Errol Flynn, Anatole France, André Gide, Auguste Rodin, Judy Blume, Mike Love, Richard Speck, Chief Justice, Earl Warren, Indira Gandhi, Bernard Baruch, Pete Townshend, Terry Gilliam, John Navin, Paul Thayer.

Sonne Quincunx Chiron

Diese Menschen haben ein starkes Gespür für das JETZT, für das, was im gegenwärtigen Augenblick gebraucht wird. Es ist gerade so, als ob sie sich auf eine subtile Botschaft einstimmen würden, welche ihnen sagt: »Jetzt ist es an der Zeit, diese ganz bestimmte Sache in Angriff zu nehmen«. Allerdings besteht bei diesem Aspekt auch die Gefahr, daß man an einem Muster hängen bleibt, daß man noch bei dessen Schwingung verweilt, auch wenn es schon Zeit wäre, sich etwas anderem zuzuwenden. Diese Menschen haben wichtige Lektionen zu lernen über Anpassung und Flexibilität. Wenn sie sich auf die › Unterströmungen ‹ einzustimmen vermögen, dann können sie selbst zu diesem Engergiestrom werden; sie können diesen so vollkommen verstehen, daß sie sich ganz mit ihm identifizieren. Aber sie müssen lernen, sich auch auf eine andere Stufe und eine andere Rolle hin zu bewegen. Interessanterweise können sie, wenn sie im Einklang mit den Vibrationen sind und dies wollen, andere Menschen beeinflussen, ja sogar kontrollieren. Wenn sie lernen, anpassungsfähig zu sein, dann sind sie in der Lage, andere zu lehren und sie bei ihrem Wachstum zu fördern.

BEISPIELE FÜR SONNE QUINCUNX CHIRON: Leonard Bernstein, David St. Clair, Stanley Hiller, Paul McCloskey, Bobby Short, George Peppard, Charles Bronson, Bela Lugosi, Candice Bergmann, Bonnie Franklin, James Daly, Jack Valenti, Tom Bosley, Phil Ochs, Elie Wiesel, Ralph Waldo Emerson, Kapitän James Cook, Joan Jeff, Dick Clark.

Sonne Opposition Chiron

Hier haben wir den Kämpfer. Der Geborene erkennt etwas, das verändert oder besiegt werden muß, und er gibt nicht eher auf, als bis er gewonnen hat. Selbstverständlich handelt es sich hier nicht nur einfach um eine körperliche Auseinandersetzung, obwohl es durchaus auf diese Weise in Erscheinung treten kann. Es sieht so aus, als ob diese Menschen immerzu bereit sind, › ein Banner hochzuhalten ‹ und für irgendeinen Anlaß zu kämpfen. Bei den gereiften Charakteren sind die Gründe ziemlich häufig eine Verbesserung der menschlichen Lebenssituation: die Feinde sind Krankheit, Hunger, Diktatur oder Vergleichbares. Auf jeden Fall sind sie immer wetteifernd und fühlen sich lebendiger, wenn sie auf eine Herausforderung reagieren oder jemand anders eine Kampfansage machen. Wie nicht anders zu erwarten, haben Menschen mit diesem Winkel ein Kontingent an Feinden, jedoch erwächst bei den meisten ihrer Feinde ein Respekt für sie. Es handelt sich fast immer um Menschen mit strengen Prinzipien, welche sie nicht so einfach opfern, um jemand anders nachzugeben. Menschliche Kontakte sind für diese Winkelverbindung in aller Regel sehr wichtig, weil diese Menschen neben Wetteifer und Kampf auch eine ständiges Bedürfnis nach mehr Feedback, nach anderen Standpunkten und Ideen haben.

BEISPIELE FÜR SONNE OPPOSITION CHIRON: Henry Cabot Lodge, Jon Voight, Rosano Brazzi, George Bernard Shaw, Alfred Lord Tennyson, Leon Spinks, Melina Mercouri, Leo Trotzky, Jane Fonda, Roger Daltry, John Koch, Andres Segovia, Terry Jones, Mark Twain, Dane Rudhyar.

Aspekte mit dem Mond

Gleichgültig welcher Aspekt vorliegt, diese Menschen fühlen sich einfach nicht wohl, wenn sie etwas auf normale, traditionelle Weise unternehmen und sie mögen es nicht, wenn man ihnen das Etikett › Einer unter Vielen ‹ aufdrückt. Sie können nicht wirklich entspannen, es sei denn sie tun etwas, das sich von dem, was gestern war, und dem, was andere tun, ein wenig unterscheidet. Abhängig von dem jeweiligen Aspekt kann entweder nur eine leichte Ängstlichkeit oder aber ein starkes Verlangen vorliegen. Sicherheit ist immer mit einer Notwendigkeit nach Veränderung oder Andersartigkeit verknüpft. In seiner positivsten Ausprägung äußert sich dieses Sicherheitsbestreben in der Form von Hilfsbereitschaft: man will das Leben seiner Mitmenschen verbessern. Auf der Schattenseite kann es zu einer starken Unsicherheit kommen, es sei denn der Geborenen kann sein Selbst geltend machen und sich › über ‹ die anderen stellen. Bei vielen tritt der chironische Charakterzug nicht offen zutage, sondern ist stattdessen unterschwellig im alltäglichen Einerlei und den Gewohnheiten wirksam. Für diese Horoskopeigner ist es sehr wichtig, nicht an ein eingefahrenes Gleis ohne Alternativen gefesselt zu sein. Sie müssen die Dinge nach Belieben unterschiedlich angehen können.

Sie können eine bestimmte Stimmung, ein Gefühl oder eine Emotion spüren, sich darauf einstellen, sie bis ins Tiefste verstehen und davon Gebrauch machen. Abhängig vom jeweiligen Entwicklungsstand der Person kann dies entweder eine sehr positive Stärke sein oder ein Mittel zur Manipulation anderer. Sie haben auch das Potential, Schwingungen auf einer viel tieferen Ebene zu empfangen, und diese auch zu verstehen.

Mond Konjunktion Chiron

Vielfältige Schwingungnen ergreifen diese Menschen, sodaß sie schon sehr früh in ihrem Leben tiefgründige philosophische Erklärungen brauchen, welche unsichtbare Kräfte mit ins Leben einbeziehen. Dies kann sich in starker Religiosität manifestieren, muß aber nicht notwendigerweise so sein. Sie sind auch äußerst mißtrauisch gegenüber dem Einfluß aus ihrer persönlichen Umgebung und entwickeln sehr schnell eigene Kriterien für das, was sie brauchen, damit es ihnen behaglich ist. Viele suchen sich einen Wohnsitz, der alles andere als normal ist; der eine sucht sich absichtlich eine Ort aus, an dem es spukt; der andere zieht in ein Haus, das ausschließlich aus alten Autoreifen gebaut wurde. Wenn sie wollen, können sie die Emotionen der anderen mächtig beeinflussen, weil sie sich auf ein Gefühl einstimmen können, mit dem sich jeder identifizieren kann. Es hat sich oft gezeigt, daß die Person mit diesem Radix–Aspekt eine Mutter hatte, welchein der einen oder anderen Weise eine Pionierin, eine Forscherin oder eine Abenteuerin war. Die Mutter hat ganz offensichtlich auf das Kind eine bleibende Wißbegier übertragen. Es ist ebenso häufig anzutreffen, daß ein Mensch mit dieser Planetenverbindung eine Mutter hatte, die sich stark mit Gesundheit und Heilung befaßte, sodaß das Kind mit einem instinktiven Verständnis für Hilfsbereitschaft heranwuchs. Wenn es im Horoskop nicht drastische Hinweise gibt, die auf das Gegenteil verweisen, dann spürt die Person mit Mond/Chiron–Konjunktion sehr deutlich die Leiden und Schmerzen der anderen.

BEISPIELE FÜR MOND KONJUNKTION CHIRON: Jerry Lewis, Marjoe Goetner, Hans Hinrich Taeger, Jules Lenier, Hans Holzer, Paul Verlaine, Robert Mitchum, Ross McDonald, Karl Malden, Patricia Neal, Sandy Duncan, Colonel Sanders, Terry Jones.

Mond Sextil Chiron

Das Sextil zwischen Mond und Chiron verleiht das Geschick, den einfachen Mensch zu verkörpern, und folglich kann man den anderen genau das geben, was sie wollen. Man sieht seine Mitmenschen in einem anderen Licht, viel feinfühliger, viel bewußter. Mit diesem Winkel hat man ein gutes Wahrnehnumgsvermögen für die Krankheiten und Schwächen der anderen, ihre Stärken und Begabungen, ihre Bedürfnisse und Wünsche. Einige sind versucht, aus diesem Bewußtsein Profit zu schlagen, aber die höher entwickelten Horoskopeigner wollen den anderen wirklich helfen. Sie hassen Ungerechtigkeit, sowohl in ihrem eigenen Leben, als auch in dem Leben anderer. Es ist ihnen in Fleisch und Blut übergegangen, um jeden Preis für eine Korrektur von Ungleichgewicht zu kämpfen, wenn sie ein solches entdecken. Sie haben die Veranlagung, allen Dingen eine persönliche Note zu verleihen, denn alles, was sie erschaffen ist einmalig auf seine Art.

BEISPIELE FÜR MOND SEXTIL CHIRON: Mickey Rooney, Billy Rose, Arnold Schwarzenegger, Luciano Pavarotti, Malcolm Dean, Jean Anouilh, O. Henry, Bill Moyers, Edmund Rostand, Robert Goulet, Luis Alvarez, Betty Friedan, Mark Godson, Mercedes McCambridge, Henry Perot, Nina Simone, Jane Fonda, Jacques Thibaud, Arthur Koestler, Elisabeth Kübler–Ross.

Mond Quadrat Chiron

Die Mutterbeziehung ist meist ziemlich ungewöhnlich, entweder weil die Mutter selber in irgend einer Weise anders ist, oder aufgrund der Umstände, unter denen das Kind aufgezogen wurde. Dies ist bei Frauen deutlicher spürbar als bei Männern. Eine wichtige Lektion, welche diese Menschen lernen müssen ist die Anpassungsfähigkeit. Aber bis es soweit kommt, bleiben sie ganz offensichtlich immer wieder alten Gewohnheiten verhaftet, solange bis die eintretenden Ereignisse selbst die einfachsten Routinehandlungen zertrümmern. Als Reaktion darauf entwickeln die meisten entweder eine Abscheu vor jeglicher Routine oder die Fähigkeit, die Pferde im Fluge zu wechseln. Diese Überkompensation zeigt sich oft viele Jahre lang nicht, denn die Grundtendenz ist es, in alten Gepflogenheiten stecken zu bleiben, selbst nachdem diese sich schon lange überlebt haben. Wenn sich diese Person einer Veränderung widersetzt, dann vergräbt sie sich immer tiefer in Gewohnheiten und wird immer weniger fähig, zu erkennen, daß sie in der Vergangenheit hängen geblieben ist. Sie kann nach einer Weile völlig dogmatisch werden, wenn sie nicht einsieht, daß ihre Einstellung Schnee von gestern ist. Früher oder später muß man den Preis dafür bezahlen, und es ist meistens schmerzvoll, wenn die Stunde der Wahrheit kommt. Einige Menschen mit diesem Radix–Aspekt haben einen blinden Fleck, was die einfachen alltäglichen Informationen anbelangt und sie ziehen folglich oft falsche Schlußfolgerungen. Die Aufgabe für diese Menschen scheint zu lauten: Halte die eigenen Wahrnehmungen nicht für idiotensicher; lerne aufmerksamer zu sein.

BEISPIELE FÜR MOND QUADRAT CHIRON: John Glenn, Mike Love, Tom McLaughlin, Brooke Shields, Herb Alpert, Wrong–Way Corrigan, Sandy Koufax, Liza Minelli, Billy Graham, John Dunlop, William Colby, Vance Brand, James Akins, Wendell Phillips, Amedeo Modigliani, John Cleese, Sergei Prokofiev.

Mond Trigon Chiron

Diese Geborenen lernen mit der Zeit, nicht alles für selbstverständlich hinzunehmen, und sie erkennen gleichzeitig auch, daß die meisten anderen Menschen dies nicht zu schätzen wissen. Aus dieser Lernerfahrung heraus geben Personen mit diesem Aspekt gute Lehrer oder Problemlöser ab. Sie können sehen, daß ein Problem einfach deswegen existiert, weil etwas als selbstverständlich vorausgesetzt wurde, und sie können andere auf diese bestehende Möglichkeit aufmerksam machen. Sie sind geschickt, wenn es darum geht, komplexe Situationen zu vereinfachen, und die Dinge so zu sehen, wie sie wirklich sind. Aber die wenigsten werden mit dieser Fähigkeit schon geboren. Diese haben sie vielmehr aufgrund zahlreicher Erfahrungen im alltäglichen Leben erlernt. Selbst in der gewöhnlichsten Umgebung versuchen sie Neuigkeiten aufzuspüren, welche ihr bisheriges Wissen erweitern können. In ihnen schlummert die Befähigung, den Mitmenschen solange zuzureden, bis sie sich so sehen, wie sie wirklich sind, im Guten wie im Schlechten.

BEISPIELE FÜR MOND TRIGON CHIRON: Donald Sutherland, Fritz Perls, Peter Ustinov, Willie Mays, George Moscone; Edmond Rostand, Alfred Lord Tennyson, Tracy Austin, Alene Duerk, Denton Cooley, Robert Duvall, Redd Foxx, Charles Manson, Margaret Thatcher.

Mond Quincunx Chiron

Dieser Aspekt macht den Geborenen instinktiv zu einem scharfsinnigen Richter über andere. Der Betreffende kann subtile Stimmungen, Gefühle und Emotionen seiner Mitmenschen spüren, welche dem durchschnittlichen Beobachter entgehen. Diese Menschen erwarten normalerweise nichts anderes von dir außer Aufrichtigkeit. Es ist ihnen lieber, du sagst ihnen direkt ins Gesicht, daß du sie nicht magst, als wenn sie dies an Signalen der Körpersprache oder an Versprechern ablesen können. In der Regel entwikkeln sie auch einen instinktiven Sinn für gutes Timing, da sie meist alle Strömungen des Augenblickes erfassen. Sie können aus anderen das herauslocken, was sie wirklich denken. Dies trägt zur Aktivierung der Hilfeleistung bei, denn Probleme lassen sich schwer lösen, wenn der Betreffende nicht erklärt, was ihm eigentlich fehlt. Es ist jedoch nicht immer einfach, der Person mit diesem Aspekt persönlich näher zu kommen. Sie sondert sich oft von der Umgebung ab oder wählt zumindestens sehr sorgfältig aus, mit wem sie Umgang pflegen möchte, was sich darauf zurückführen läßt, daß sie hinter die Masken blickt. Die negativste Erscheinungsform dieses Winkels zeigt sich in einer ängstlichen Weltsicht, die jeden als trügerisch ansieht. Aber wie bei jedem Chiron–Aspekt, so muß auch dieser Zustand nicht notwendigerweise eintreten. Er kann verändert werden, wenn der Geborene zu unterscheiden lernt zwischen jemand, der wankelmütig ist, im Gegensatz zu demjenigen, der vorsätzlich irreführt.

BEISPIELE FÜR MOND QUINCUNX CHIRON: Michel Gauquelin, J. Edgar Hoover, Katherine Hepburn, Sir Laurence Oliver, Walt Whitman, Oscar Wilde, Julie Andrews, Dave Brubeck, Phil Donahue, Peggy Fleming, Tom Bosley, Susan St. James, Edwin Lanehart, Sir Harry Lauder, Robert Bergland, Carmen Delavallade, Ralph Waldo Emerson.

Mond Opposition Chiron

Wenn sich dieser Aspekt positiv auswirkt, dann finden wir jemanden, der sich für die Menschen einsetzt. Tritt er negativ in Erscheinung, dann kämpft dieser gegen andere und wird sehr abwehrend. Die Art des Kampfes hängt selbstverständlich von der Feld– und Zeichenposition und dem Rest des Horoskopes ab. Manche glauben an Gewaltlosigkeit, während bei den anderen das entgegengesetzte Extrem überwiegt. Dies ist mehr oder weniger die Winkelverbindung für einen wirklichen Kampftrieb. Viele dringen schnell in Probleme ein und bringen sie unverzüglich auf den Punkt. Diese Geborenen sind auch von einem Charisma umgeben, dessen Einfluß sich selbst ihre Feinde nicht entziehen können. Der Aspekt scheint auch eine Vielfältigkeit an Gefühlen hervorzurufen, welche das Individuum überwältigen kann, wenn es dies zuläßt. Sollte dies der Fall sein, dann kann es soweit gehen, daß der Betreffende das Selbst aufzuspaltet und seine Gefühle auf andere projiziert. Als Folge davon kann sich die Auffassung einschleichen, daß jene › anderen ‹ die Feinde sind. Solch ein Mensch braucht Führung, damit er seine Gefühle erkennt und damit er realisiert, wieviele verschiedenen Ebenen er erlebt und erkennt, daß alle emotionalen Episoden miteinander verbunden sind. Wenn man sich nicht von seinen Gefühlen überwältigen läßt, ist dies ein unglaublich kreativer Aspekt, indem er eine Vielfalt an unterschiedlichen Gefühlen und Stimmungen herbeiführt, die sich prompt in die Psyche integrieren lassen. Vielleicht sind die mit Mond Opposition Chiron Geborenen aufgrund dieser Fähigkeit so tüchtige Kämpfer?

BEISPIELE FÜR MOND OPPOSITION CHIRON: Henry Cabot Lodge, Robert McNamara, James Dean, John Denver, Lord Alfred Douglas, Adolf Hitler, Jean Didion, Shirley Hufstedler, Major Maynard Jackson, Jack Kemp, Stewart Mott, William Masters.

Aspekte mit Merkur

Erwartungsgemäß haben die Chiron–Merkur Aspekte entweder mit einer Botschaft zu tun, die der Geborene verbreiten muß, oder aber mit Kommunikationshindernissen, die er überwinden muß. Originalität in Gedanken und Wort ist der Schlüssel zu allen Winkelbeziehungen Chirons mit

Merkur. Es handelt sich aber nicht um die Originalität des Uranus, der das Alte überwerfen möchte, sondern die Originalität scheint einfach daher zu kommen, daß man einen anderen Weg einschlägt. Man hat die Fähigkeit mit einer Redewendung oder ein paar sorgfältig gewählten Worten, unerwartete Tore für seine Mitmenschen zu öffnen. Der Verstand ist in der Lage, auf den verschiedensten Ebenen zu arbeiten, wodurch der Geborene sich mit Menschen aller Schattierungen zu verständigen vermag. Einerlei um welche Gesprächsinhalte es geht, man kann einem Zuhörer das Gefühl vermitteln, daß eine gemeinsame Basis existiert. In der Regel liegt eine grundsätzliche Freimütigkeit vor. Es besteht die Neigung zu sagen was man denkt, ohne sich im Geringsten darum zu sorgen, was für eine Auswirkung dies auf andere haben könnte oder aber in der Absicht, andere zu öffnen anstatt sich selber. Dazu kommt, daß diese Geborenen meistens genau wissen, was andere Leute hören wollen, und sie können dies nach Belieben einsetzen. Allerdings ist es äußerst schwer, jemanden mit einem Chiron/Merkur–Aspekt zu finden, der Dinge nur daher redet, um andere zufrieden zu stellen oder ihnen schönzutun.

Merkur Konjunktion Chiron

Während Merkur normalerweise einfach als der logische Verstand gesehen wird, läßt sich bei Menschen mit dieser Konjunktion außerdem feststellen, daß sie sich für die Denkprozesse des anderen interessieren. Es muß schon ein äußerst negatives Horoskop vorliegen, um dieses Bedürfnis zu unterdrücken, obwohl andere Aspekte tatsächlich auch dazu beitragen können, es zu verdrehen oder zu pervertieren. Diese Menschen verstehen in der Regel gut, wie ein anderer denkt und erreichen ihn mit ihren Worten und Ideen. Dazu kommt, daß sie auf ganz verschiedenen Ebenen denken, und somit auch die unterschiedlichsten Menschen ansprechen können. Sie sind nicht nur auf die verbale Kommunikation oder Geschriebenes beschränkt. Chiron holt Merkur aus seinen herkömmlichen Bereichen heraus und befähigt diese Geborenen, auf den vielfältigsten nonverbalen Schichten zu kommunizieren. Dies läßt sich eventuell darauf zurückführen, daß ihr Verstand zu Themen vordringt, die Merkur normalerweise alleine nicht erreicht. Diese Menschen sind originelle Denker und bringen Ideen hervor, die zwar weit hergeholt zu sein scheinen, aber dennoch wunderbar funktionieren. Es ist selten, daß sie ein Teilchen des Puzzles übersehen, weil es zu klein oder anscheinend unbedeutend wäre. Oft ist es gerade so ein Teilchen, welches alles verändert. Da ihr Verstand nicht durch Konventionen eingeschränkt wird, können sie ziemlich kontrovers auftreten. Man kann sie schwerlich ignorieren, selbst wenn einem das, was sie sagen überhaupt nicht paßt.

Diese Menschen sollte man konsultieren, wenn man sich blockiert fühlt und einen Ausweg sucht — sie können ein Hintertürchen finden, oder einen Weg ausdenken, um dir das Tor zu öffnen.

BEISPIELE FÜR MERKUR KONJUNKTION CHIRON: Troy Perry, Clive Sinclair, Ted Mack, B. J. Thomas, Edouard Daladier, Benjamin Disraeli, Yogi Berra, Gouverneur Brendan Byrne, Nancy Dussault, Roman Gabriel, Dennis Hopper, Dwayne Hickman, Christopher Atkins, Nancy McKeon, Minnie Riperton.

Merkur Sextil Chiron

Einer der positivsten Gesichtspunkte dieser Kombination ist die Gabe, in beinahe jeder Situation das Humorvolle zu sehen, und diese Sichtweise den anderen zu übermitteln. Die Neugierde ist sehr stark und nicht auf einen Gegenstandsbereich eingeschränkt — diese Menschen wollen alles wissen. Der Verstand ist ihr wichtigstes Werkzeug und sie müssen ihn in jeder erdenklichen Situation anwenden. Und sie wollen immer einen Schritt extra machen — was sie auch entdecken, zu welcher Schlußfolgerung sie auch gelangen mögen, sie wollen eine Stufe weiter gehen und etwas mehr lernen. Es ist äußerst selten, daß jemand mit diesem Aspekt nicht lernen mag, und wenn, dann liegen dem Konflikte im dritten Feld zugrunde. Es ist ein ausgezeichneter Winkel für Lehrer, Komiker oder Redner, aber auch für Forscher. Mit dieser Winkelbeziehung erkennt man auch sehr leicht das Potential, das allen Menschen innewohnt, sodaß diese Geborenen keine Unterscheidungen in Klassen vornehmen — sie sehen das Potential in jedem. Dies ist meiner Meinung nach auch der Grund, warum sie diejenigen verehren, die man nicht für › normal ‹ hält, anstatt sie zu diskriminieren.

BEISPIELE FÜR MERKUR SEXTIL CHIRON: Kirk Oates, Jack Paar, Allan Watts, Orson Welles, Orson Bean, Robert Bergland, Madeline Kahn, Paul Lynde, Katherine Graham, Eric Burdon, Fats Domino.

Merkur Quadrat Chiron

Diese Menschen illustrieren beispielhaft die allgemeine Beschreibung, die im einleitenden Abschnitt zu Merkur/Chiron gegeben wurde. Sie sind äußerst originell, innovativ, unnachahmliche Denker und sie sind stolz darauf. Schon früh finden sie heraus, wie sehr sich ihr Verstand vom Durchschnitt unterscheidet, und es kommt selten vor, daß sie über diese Entdeckung unglücklich sind. Vor allem äußern sie ihre Meinung frei! Kennt jemand das Lied mit dem Refrain »I did it my way»? Es könnte ihre Hymne sein. Einige Menschen lieben und bewundern sie um ihres Verstandes und ihrer Worte willen, aber ohne weiteres könnten diese Geborenen eine Liste mit den Feinden zusammenstellen, die sie sich bei zu leicht angreifbaren Menschen zugezogen haben. Diese Geborenen haben sogar die Neigung, bestimmte Dinge nur deshalb zu unternehmen, um zu beweisen, daß es nicht unmöglich ist, diese durchzuführen. Ihr Witz ist scharfzüngig und manchmal sind sie bissig. Es kommt selten vor, daß jemand mit diesem Aspekt nicht ziemlich intelligent ist — Chiron scheint den Merkur zu drängen, daß er mehr lernt, daß er mehr herausfindet und mehr denkt. Während ihres Heranwachsens hatten diese Geborenen häufig Probleme, sich an gewisse Denklinien zu halten und entdeckten (manchmal traumatisch), daß sie ihre Denkmuster verändern müssen. Nachdem sie durch solche unausweichlichen Veränderungen gelernt haben, daß sich ihr Verstand anpassen und bereitwillig neue Denkweisen ausprobieren kann, genießen es die meisten, experimentelle Zugänge zu suchen.

BEISPIELE FÜR MERKUR QUADRAT CHIRON: Robert Stack, Michael Thomas, Paul Simon, Clarence Carvalho, Nancy Reagan, Geraldine Ferraro, Barbara Streisand, Ava Gardner, Hank Aaron, Kareem Abdul Jabbar, Amelia Earhart, Al H. Morrison, Toulouse Lautrec, Frank Sinatra, Zolar, Ezzard Charles, Howard DaSilva, Pauline Kael, Ross McDonald, James Taylor, Pablo Casals, Jimi Hendrix, John S. Pemberton, Dennis Wilson.

Merkur Trigon Chiron

Eine Lektion, welche diese Menschen schon sehr früh lernen ist die, daß niemand vollkommen ist — daß selbst unsere größten Helden Menschen mit Fehlern sind. Dieser Aspekt ermöglicht es den Geborenen, mit den Menschen so umzugehen, wie sie wirklich sind und ohne sie zu vergleichen. Sie verehren den anderen weder als Gott, noch schauen sie auf ihn als Untertan herab. Dazu kommt, daß sie uns sehr gut zeigen können, wie menschlich wir sind. Wenn nötig können sie uns leicht wieder Boden unter den Füßen verschaffen und sie sind genauso fähig, uns ihre Schwächen zu zeigen, wenn sie meinen, daß es zu einem besseren gemeinsamen Verhältnis beiträgt. Dadurch, daß sie die Menschlichkeit von sich und anderen so gut erkennen, sind sie in der Lage, den anderen zu ihrer Ganzwerdung zu verhelfen. Selbstverständlich wird nicht jeder mit diesem Winkel ein Heiler. Wenn zum Beispiel das übrige Horoskop sehr problematisch ist, dann kann diese

Eigenschaft dergestalt ausfallen, daß nur die menschlichen Schwächen aufgezeigt werden, ohne einen Beitrag zur Hilfe zu leisten. Aber die Anlage ist vorhanden und kann erschlossen werden. Es gibt viele positiven Zugänge zu diesem Aspekt. Da die Geborenen keine Untergebenen sehen, können sie gut mit Menschen arbeiten, die emotionale oder geistige Probleme und Behinderungen haben. Im Bereich der Kommunikation können sie die anderen leicht erreichen und als Gefährte in Erscheinung treten, da sie schnell akzeptiert werden. Darüberhinaus verleiht dieser Aspekt Originalität im Denken und die Erkenntnis, daß kein Prozeß als erwiesen angesehen werden sollte. Vermutlich hat jemand mit diesem Winkel die Redensart erfunden: »Wenn du etwas unterstellst, machst du dich und mich zu einem Esel (engl.: If you *asssume*, you make an *ass* of U and Me)«.

BEISPIELE FÜR MERKUR TRIGON CHIRON: Peter Sellers, Robert Culp, Phyllis Diller, Le Petomane, Yul Brunner, Florence Chadwick, A.J. Foyt, Peggy Fleming, Frank Gifford, Billy Graham, Claude Kirk, William Lipscomb, Karl Malden, Maria Callas, Isabel Hickey, Ursula LeGuin, James Beggs, Debbie Boone.

Merkur Quincunx Chiron

Hier läßt sich ein Verstand erwarten, der die vielen verschiedenen Ebenen wahrnimmt, die sich in einer Situation gleichzeitig abspielen. Menschen mit Merkur/Chiron – Quincunx erkennen sowohl die offensichtlichen als auch die subtilen Prozesse. Wenn sie Probleme bewältigen, dann verweben sie sich gedanklich mit den verschiedenen Ebenen und verknüpfen Ideen, die Schmalspur – Denker niemals entdecken würden. Die Einwirkung kann günstig sein oder auch nicht. In positiver Hinsicht können diese Menschen die vielfältigen Motive der anderen durchschauen und diesen dazu verhelfen, daß sie sich selber in einer besseren Perspektive sehen. Sie bemerken Kleinigkeiten, welche andere übersehen und fügen diese Zusatzdaten in ihre Auswertungen mit ein. Dies kann sich jedoch auch negativ bemerkbar machen, denn wenn sie zuviele Ebenen oder Merkmale feststellen, dann läßt sich nichts mehr aussortieren. Zuviel Information kann genauso schlecht sein wie zu wenig. Es ist sehr gut, dieses Winkelgefüge im Horoskop zu haben, wenn man anderen zu mehr Realitätssinn verhelfen möchte. Aber man muß zuvor eine Lehre aus diesem Aspekt ziehen: Die Informationssuche auf vielen Ebenen ist natürlich und schöpferisch, aber, man muß unterscheiden und aussortieren können und nicht nur einfach alles akzeptieren.

BEISPIELE FÜR MERKUR QUINCUNX CHIRON: William Saroyan, Arthur Janov, William Lamb, Roy Ash, Manuel DeFalla, Dane Rudhyar, Arthur Koestler, Mike Love, Dick Clark.

Merkur Opposition Chiron

Eine gewisse Ähnlichkeit mit dem Quadrat liegt vor. Menschen mit diesem Aspekt haben einen scharfen Verstand und lieben es, Probleme herauszufordern. Am stärksten ist ihre Vorliebe für ein gutes Argument. Sie lassen die Spannweite ihrer Aufmerksamkeit durch nichts einengen und haben häufig weitreichende Ideen. Die gleiche Haltung übertragen sie auch auf ihre Mitmenschen: sie lassen nicht zu, daß andere sich mit ihren Erklärungen einmischen. Keine Ablehnung oder Verweigerung von Information kann sie aufhalten. Ihre Neugier ist unersättlich, ebenso ihr Bedürfnis, beide Seiten eines Konfliktes zu verstehen (läßt man sie ein Geheimnis lüften, befinden sie sich im siebten Himmel). Wer in eine Auseinandersetzung mit diesen Geborenen gerät, darf nicht erwarten, leicht zu gewinnen. Man kann diese Menschen nur dann überzeugen, wenn man ihnen die eigene Seite klarlegt und ihnen zeigt, daß man auch ihre Sichtweise versteht. Aber sie werden erst dann Zugeständnisse machen, wenn sie sehen, daß man wirklich versucht, beide Parteien zu sehen (selbst wenn sie insgeheim wissen, daß sie selber falsch liegen).

BEISPIELE FÜR MERKUR OPPOSITION CHIRON: Ronald D. Laing, Jack Anderson, H. G. Wells, Stewart Mott, Margaret Thatcher.

Aspekte mit Venus

Menschen mit Venus und Chiron im Aspekt wurden geboren, um uns etwas über uns selbst und unsere Wertesysteme zu vermitteln. Am positivsten äußert sich dies darin, daß diese Menschen falsche Werte, gesellschaftliche Konventionen und Rollenspiele klar durchschauen. Sie schätzen eher die dauerhaften Werte, als solche, die von einer bestimmten Kultur aufgestellt werden. Ferner entwickeln sie die Fähigkeit, natürliche Schönheit zu erkennen, und nicht nur Schönheit, wie sie von der Gesellschaft definiert und akzeptiert wird. Der Wert des Menschen liegt ihrer Meinung nach nicht in willkürlich zugeteilten Rollen. Größtenteils wollen sie jedoch nicht die Gesellschaft umstürzen oder sprengen. Die meisten möchten einfach ein Leben mit richtigen Werten leben. Einige bevorzugen es einfach, ihren eigenen Pfad zu verfolgen (und wenn man sie begleiten will, finden sie es großartig).

Manchmal kann ein Problem in Erscheinung treten, wenn ein Individuum mit seiner oder ihrer Anima, dem weiblichen Prinzip, unzufrieden ist. Besonders, wenn der Geborene männlichen Geschlechtes ist. Diese Person verlagert den Chiron–Venus Aspekt nach außen und projiziert ihn auf Frauen. Dann entsteht bei diesen Männern häufig ein starker Wunsch, die Männlichkeit zu betonen, und sie nehmen Frauen als bedrohlich wahr. Ab und zu kann auch eine Frau diesem Muster folgen. Hier muß ein Weg gefunden werden, durch den die Betreffenden ihre Venus akzeptieren können, damit eine Besserung erfolgen kann.

Venus Konjunktion Chiron

Dieser Aspekt kann sich auf vielfältige Weise bemerkbar machen. Er verleiht möglicherweise sehr viel Liebe, welche spontan aus dem Geborenen als eine heilende Kraft herausfließt und denen am meisten gibt, die ihrer bedürfen. Hierin kann insofern eine Gefahr liegen, als Menschen mit diesem Winkel sehr leicht verletzbar sind — sie geben ihre Liebe ohne Erwartungen und ohne Schutzmaßnahmen. Es handelt sich um eine sehr idealistische Position. Wenn der Aspekt diese Ausdruckskraft enthält, muß dem Geborenen beigebracht werden, realistisch mit der Welt umzugehen und dennoch Liebe zu schenken. Eine weitere Möglichkeit der Venus/Chiron–Konjunktion liegt in der Suche nach dem, was real, wertvoll und lohnend ist im Leben, eine Suche nach wahrer Schönheit. Dies kann dazu führen, daß diese Person die gesellschaftlichen Werte mißachtet oder versucht, nur die Werte für sich auszuwählen, welche ihr lohnenswert erscheinen. So kann der Betreffende sich ein Arsenal an Werten zusammenstellen, welches nicht unbedingt mit dem seiner Mitmenschen übereinstimmt. Dieser Umstand kann geheim gehalten werden oder es wird damit geprotzt, was vom jeweiligen Gesamthoroskop abhängt. Aber die ganz spezifischen persönlichen Werte sind da, einerlei ob verborgen oder offen an den Tag gelegt. Außerdem möchte man mit diesem Winkel verstehen, was eigentlich die Welt am Drehen hält, man sucht nach den Gesetzen der Materie. Dies ist ein ausgezeichneter Aspekt für einen Wissenschaftler, denn Venus verhält sich dabei nicht passiv: Chiron versucht so viel wie möglich über Venus zu enthüllen.

BEISPIELE FÜR VENUS KONJUNKTION CHIRON: Françoise Gauquelin, Henry Winkler, Allen Ginsberg, Linda Blair, Hector Berlioz, A. E. Housman, Lloyd Bentsen, Bradford Dillman, Orville Freeman, John Sawmill, Raquel Welch, Béla Bartók, Al Jardine, Mama Cass Elliot.

Venus Sextil Chiron

Aus unerklärlichen Gründen blieb dieser Aspekt bei meinen Forschungen beinahe unberücksichtigt. Diejenigen, die ich untersucht habe, zeigen sehr viel Liebe und Fürsorge für andere — aber es scheint so, als ob bei diesem Winkel die Passivität der Venus akzentuiert werden würde. Das will nun aber nicht heißen, daß man mit dieser Aspektierung nicht erfolgreich werden könnte. Aber diese Planetenverbindung scheint viel ruhiger und sanfter zu wirken, als die meisten anderen Chiron–Aspekte. Diese Menschen neigen dazu, anderen täglich zu helfen, manchal ganz offen, aber es kommt selten vor, daß sie dies an die große Glocke hängen. Chiron hebt die romantische Seite beziehungsweise das poetische Wesen dieses Menschen hervor. Man verfügt über ein einzigartiges Talent und falls andere Aspekte das Individuum zu einer künstlerischen Betätigung antreiben, dann werden seine Werke noch lange über seinen Tod hinaus fortleben.

BEISPIELE FÜR VENUS SEXTIL CHIRON: Albert Dyer, Claude Kirk, Carl Sandberg, Michael Palin, Doris Chase Doane, James Beggs.

Venus Quadrat Chiron

Wenn der Aspekt ungünstig in Erscheinung tritt, dann kann dies im äußersten Extremfall dazu führen, daß der Betreffende absolut unfähig ist, mit seiner Anima umzugehen. Das Quadrat wird mehr als jede andere Verbindung dieser zwei Planetenenergien eine unausgeglichene sexuelle Identität der Person akzentuieren. Bei Männern bringt es ein starkes Macho–Verhalten und eine Menge schwieriger Beziehungen mit sich. Oder der Aspekt führt in das andere Extrem, indem versucht wird, das Quadrat durch totale Identifizierung mit der Venus zu lösen: der Mann wird super–feminin und hat dadurch aber noch immer Schwierigkeiten in Beziehungen. Wie bei den anderen Winkeln zwischen Venus und Chiron stellt sich eine Erleichterung dadurch ein, daß der Mann seine Anima annimmt und sie auslebt. Man muß ihm gleichzeitig aber auch helfen, die Anima im richtigen Verhältnis zu seinem Animus zu sehen.

Es kommt recht selten vor, daß dieser Aspekt bei einer Frau die gleichen Probleme verursacht. Stattdessen trägt er eher dazu bei, daß die Frau mit ihrer Weiblichkeit umzugehen lernt, diese in die richtige Perspektive rückt und sich über alle gesellschaftlichen Erwartungen und Forderungen an ihre Frauenrolle hinwegsetzt.

Ob Mann oder Frau, der Geborene ist von einem völlig eigenwilligen Kunstgeschmack geprägt. Dies könnte sogar soweit gehen, daß er sich veranlaßt sieht, eine neue Stil – oder Schulrichtung zu initiieren (wenn das übrige Horoskop dafür günstig ist). Man findet Gefallen an Gegenständen, die andere übersehen, nicht beachten oder vor denen sie die Augen verschließen. Auch das persönliche Wertesystem ist ausgeprägt eigen. Viele Menschen mit dieser Winkelspannung verfolgen insgeheim ihren eigenen Pfad im Rahmen der Gesellschaft; andere dagegen steigen ganz aus. Einige machen es sich zur Lebensaufgabe, der Gesellschaft zu zeigen, wo und was an ihr falsch ist.

BEISPIELE FÜR VENUS QUADRAT CHIRON: Peter Fonda, Marjoe Gartner, Bruce Lee, Liberace, Brooke Shields, Adlai Stephenson, Charles Addams, Vida Blue, Edgar Degas, LePetomane, Louis Pasteur, Sophia Loren, Yvonne Burke, Judy Collins, Jimmy Ellis, Mark Goodson, Farley Granger, George Steinbrenner, Nikolai Rimsky–Korsakow, Colonel Sanders, Fats Domino.

Venus Trigon Chiron

Das Trigon zwischen Venus und Chiron verleiht jenes kleine bißchen › Extra ‹, welches selbst einen Unbegabten zum Star macht, und ein Talent zu einem Superstar. Dieser Geborene hat seinen selbst erfundenen Stil, und kein späterer Nachahmer wird ihm gerecht. Betätigt sich jemand mit diesem Winkel künstlerisch, dann konzentriert er sich oft auf die Bereiche, die als selbstverständlich vorausgesetzt werden, um deren Botschaft zu verbreiten. Wenn Horoskopeigner mit dieser Kombination größere Rückschläge erleiden, dann weichen sie zurück, lernen sehr viel und werden dadurch noch stärker.

Es gibt offensichtlich zwei Ausprägungen bei diesem Aspekt. Steht Venus 120° hinter Chiron, dann haben die Geborenen entweder einen künstlerischen Hang beziehungsweise neigen dazu, sich mit dem Unterrichten von Kindern zu befassen. Oder aber sie müssen wichtige Lehren über ihre eigene Moral im Kontrast zu derjenigen der Gesellschaft lernen. Steht Venus dagegen 120° vor Chiron, dann interessieren sich die Betreffenden mehr für Ethik, Ästhetik und gesellschaftliche Werte als für Individuen.

BEISPIELE FÜR VENUS TRIGON CHIRON: Arlo Guthrie, Zubin Metha, Ken Usten, Charles Bronson, Alice Cooper, Frank Zappa, Upton Sinclair, Truman Capote, Jimmy Carter, Don Ameche, Judy Blume, William Colby, Ronald Dellums, John Delorean, Justice William Rehnquist, O. J. Simpson, Phil Ochs, Mary Baker Eddy, Phil Collins.

Venus Quincunx Chiron

Personen mit dieser Konfiguration haben ein starkes Bewußtsein über andere Menschen und all die verschiedenen Beziehungsebenen. Aufgrund dieser Wahrnehmungsgabe haben sie gute Möglichkeiten, anderen in Beziehungsproblemen beizustehen. Sie wissen ganz genau, was Menschen wollen (auf vielen unterschiedlichen Stufen) und wissen in aller Regel auch, wie sie es ihnen geben können. Dieses Bewußtsein können sie auch zur Kontrolle oder zur Umgestaltung ihrer Mitmenschen einsetzen. Jedoch haben sie auch viele Aufgaben in den Beziehungen zu bewältigen, in welche sie selbst verwickelt sind. Ihre Einstellungen können die ganze Skala der Gefühle durchlaufen, von generellem Mißtrauen gegen andere, über deren Herabwürdigung, bis hin zu dem einfachen Wunsch, sich selber ganz von der Gesellschaft zurückzuziehen. In positiver Hinsicht entwickeln sie einen eigenen Stil in allem, was sie in die Hände nehmen, und gehen mit der Realität so um, daß man meinen könnte, sie seien ihr Meister.

BEISPIELE FÜR VENUS QUINCUNX CHIRON: Paul Gauguin, Auguste Rodin, Malcolm Dean, Walter Mondale, Max Schmeling, Charlie Tuna, Mao Tse–Tung, Robert Blake, Jim Bouton, Phil Donahue, John Duunlop, John Koch, Daniel Nathans.

Venus Opposition Chiron

Diese Winkelspannung scheint sich auf zweierlei Weise bemerkbar zu machen. Zum einen gibt es den Typ, welcher für die Rechte und Werte, die er hochschätzt, kämpft. Er ist regelrecht entsetzt, wenn er Ungerechtigkeiten vorfindet und wird alles dagegen unternehmen.

Der andere Typus will alles, was er mit der eigenen Radix–Venus assoziiert verändern, oder sogar beherrschen. Es kann sein, daß er einfach versucht, die totale Kontrolle über die eigene weibliche Seite zu gewinnen oder er veräußerlicht dies als das Gefühl, alle Frauen in seinem Leben kontrollieren müssen. Sollte dies der Fall sein, dann ist meistens auch der Mars stark gestellt, schlecht aspektiert, rückläufig oder im 12. Feld.

Bei beiden Charakteren ist der ästhetische Geschmack etwas ungewöhnlich und wenn sie künstlerisch begabt sind, werden sie ohne Schwierigkeiten ihren eigenen Stil entwickeln können. Im Bereich der Partnerschaft stehen beiden Typen viele Lektionen bevor, wobei es dem zweiten Typ schwerfallen dürfte, Beziehungen von Dauer zu gewinnen. Es gibt Anlagen für einen sehr hingebungsvollen und fürsorglichen Charakter, sobald die Person mit ihrer Radix–Venus in Einklang gekommen ist. Viele Menschen mit diesem

Aspekt entfalten sich sehr und treten zur Seite, damit auch andere ihre Chancen haben. Sie werden jedem sprichwörtlich »den Rücken frei halten«, wenn sie der Ansicht sind, daß dies jemandem gut tut.

BEISPIELE FÜR VENUS OPPOSITION CHIRON: Michael Jackson, Diana Ross, Marty Balin, Paul Kantner, George W. Lippert, Aleister Crowley, Roger Staubach, Kevin Rowland.

Aspekte mit Mars

Ein Aspekt zwischen Mars und Chiron verweist auf die große Möglichkeit, gewaltige Hindernisse zu überwinden. Interessanterweise scheint dies generell auf alle Winkel zuzutreffen, sogar auf die sogenannten › kleinen ‹ Aspekte. Die charakteristischen Merkmale treten bei den Hauptaspekten jedoch deutlicher zutage. Diese beiden Himmelskörper haben ein besonderes gegenseitiges Verhältnis, welches selten dikutiert wird in der Literatur über Chiron. Der Bezug leitet sich aus Chirons Entdeckungshoroskop her, denn dort waren beide durch ein Quadrat miteinander verknüpft.

Aus dieser Perspektive gesehen reflektiert jeder Aspekt zwischen Mars und Chiron das Entdeckungshoroskop, und dies ist ein äußerst wichtiger Punkt bei der Betrachtung des Geburtsbildes. Jeder Mensch mit dieser Aspektierung, ganz gleich in welcher Winkelentfernung sie vorliegt, muß sich mit Situationen und Konflikten auseinandersetzen, die nicht nur für die Deutung von Chiron grundlegend sind, sondern sich vielmehr direkt auf die Grundprobleme des kollektiven Unbewußten beziehen.

Wenn ein Planet entdeckt wird, ist es üblich, dessen Bedeutung direkt aus den wichtigsten Ereignissen zu jener Zeit herzuleiten. Dies trifft selbstverständlich auch auf Chirons Deutungsprinzipien zu. Noch etwas konkreter ausgedrückt heißt dies, daß der Chiron/Mars–Aspekt ganz bestimmte Probleme repräsentiert, welchen die Menschheit augenblicklich gegenübersteht. Der verstorbene Marc Edmund Jones sagte häufig, daß es für die Menschheit erforderlich ist, ihr kosmisches Bewußtsein zu erweitern, sobald ein neuer Planet entdeckt wird.

Chiron bezeichnet neben anderen Dingen den Versuch, Ungleichgewichte zu korrigieren und Krankheiten zu heilen. Bezogen auf Mars fallen einem in diesem Zusammenhang viele Bereiche ein. Ich werde ein paar erwähnen, aber man kann dieses Prinzip auf jedes andere Vorstellung, die man von Mars hat, ebenso anwenden.

Die Welt muß mehr und mehr mit sexuellen Stereotypen fertigwerden. Es ist kein Zufall, daß die allererste Versammlung der National Organisation of Woman (NOW) zur Zeit von Chirons Entdeckung stattfand. Ein Hauptproblem für Chiron/Mars–Menschen sind die verteilten Geschlechterrollen und daraus resultierende Ungleichheiten.

Gehen wir einen Schritt weiter. Jede Frau hat einen Mars im Geburtsbild und jeder Mann eine Venus. Chiron konzentriert sich auf das Bedürfnis, den Planet des jeweils gegenüberliegenden Geschlechts zu bewältigen: der Mann muß das positive Wesen seiner Venus erkennen und eine Frau muß sich der positiven Qualitäten ihres Marses bewußt werden. Dies sind also Kernfragen für Menschen mit einer Winkelbeziehung zwischen Mars und Chiron.

Unsere heutige Welt ist voller Gewalttätigkeit, angefangen von kleinen Scharmützeln bis hin zu tatsächlichen Kriegen. Richard Nolle hat darauf hingewiesen, daß definitiv eine Verbindung zwischen Mars Quadrat Chiron und terroristischen Zwischenfällen vorliegt. Die Menschheit scheint mehr und mehr auf einen Krieg zuzusteuern, der alles Leben auf diesem Planeten beenden könnte. Je mehr wir uns dieser schrecklichen Möglichkeit annähern, umso mehr werden wir mit einer sehr realen Entscheidung konfrontiert: wir müssen einen Weg finden, um unsere kriegerischen Konflikte friedvoll zu lösen oder die Vernichtung hinnehmen. Überträgt man dies auf den persönlichen Bereich, so deuten sich ähnliche Schwierigkeiten an. Es geht darum, Konflikte zu beseitigen, ohne auf körperliche oder verbale Gewalt zurückzugreifen. Eine wichtige Aufgabe für Menschen mit einer Mars/Chiron–Verbindung ist es, Mäßigung zu lernen.

Ein letzter Punkt, den ich hier erwähnen möchte, ist der modus operandi, die Art und Weise, wie jemand ein Problem in Angriff nimmt. In der Gesellschaft sind in allen Lebensbereichen standardisierte Verfahrensweisen in Zweifel geraten. Jede Methode, die jahrelang als verläßlich galt, scheint nun nicht mehr länger als selbstverständlich hingenommen werden zu können. Das gesamte gesellschaftliche Gefüge verändert sich, weil die Menschen nach den Gründen für bestimmte Gebräuche fragen und Lücken in der Logik anderer entdecken. Auf individueller Ebene gesehen haben Menschen mit Mars/Chiron–Aspekten wichtige Lektionen über den Umgang mit traditionellen Methoden zu lernen und entwickeln oft innovative Wege, um Schwierigkeiten zu umgehen. Aber viele müssen zuerst lernen, daß traditionelle Wege durchaus ihre Berechtigung haben. Denn es besteht die Tendenz, unbedacht eine neue Spur zu verfolgen, ohne den bisherigen, traditionellen Weg eines zweiten und eingehenderen Blickes zu würdigen.

Mars Konjunktion Chiron

Die Neigung, etwas auf eigene Weise zu tun ist ungemein stark. Wenn man ein Kind mit diesem Aspekt hat, dann macht man es sich vielleicht zur Gewohnheit zu sagen: »Nun gut, mache es wie du willst. Höre nicht auf mich.« Und dennoch wird genau dieses Kind einen Ratschlag von der Person akzeptieren, in welcher es ein Vorbild sieht. Trotzdem muß dieses Kind sehr vorsichtig sein, an wen es sich um Rat wendet. Im Erwachsenenalter bleibt dieses Bedürfnis, strikt den eigenen Weg zu verfolgen, erhalten, obwohl man allmählich eher geneigt sein wird, Ratschläge anzunehmen. Aber man muß dem Betreffenden zeigen, daß dieser Rat auf der gewissen Autorität höherer Einsicht basiert und nicht nur die persönliche Meinung widerspiegelt. Diese Menschen verfügen unter Umständen über eine bemerkenswerte Begabung, anderen bei der Beseitigung ihrer Probleme zu helfen und dabei bemühen sie sich sehr. In ihrem eigenen Leben sieht es jedoch ganz anders aus. Sie haben ständige und immer wiederkehrende Schwierigkeiten mit dem Mars–Thema, und dies hält solange an, bis sie einige wichtigere Lehren daraus gezogen haben. Danach nehmen sie nicht nur ihre eigenen schwierigen Aufgaben beispiellos in Angriff, sie entwickeln auch eigene Ansichten darüber, was ihre Mitmenschen in Schwung hält. Ihre Einstellungen über Sexualität und Sexualrollen sind immer irgendwie besonders. Das will nun nicht heißen, daß sie abnormal wären, sondern lediglich, daß sie ein eigenes Verständnis darüber entwickeln, welches oft ein wenig von den gesellschaftlich akzeptierten Überlieferungen abweicht. Es ist sehr ungewöhnlich, wenn diese Person sich während ihres Lebens nicht ein paar Feindschaften zuzieht, oder wenigstens einige Menschen vor den Kopf stößt. Aber dies geschieht nie mit Absicht, sondern ergibt sich zufällig aus ihrer Neigung, strikt die eigenen Ziele zu verfolgen.

BEISPIELE FÜR MARS KONJUNKTION CHIRON: Henry Perot, Zsa Zsa Gabor, Huey P. Long, Benny Hill.

Mars Sextil Chiron

Dieses Sextil zeigt an, daß die Horoskopeigner nicht daran zweifeln, etwas, das sie sich in den Kopf gesetzt haben, auch ausführen zu können. Es ist nicht ihre Art, etwas zu tun, nur um anderen einen Fehler nachweisen zu können, und selten entsteht der Gedanke, daß ein angestrebtes Projekt zu schwierig sein könnte. Nicht daß sie ihrem Wesen nach Gesetzesbrecher wären (außer die anderen Aspekte des Geburtsbildes deuten darauf hin), stattdessen ist es vielmehr so, daß ihnen all das, was sie sich vornehmen, ganz selbstverständlich als richtig vorkommt. Wenn man ein Kind mit diesem Winkel hat, dann wird einem schnell deutlich, wie wichtig es ist, daß es mit einem guten Gespür für Werte heranwächst, in der Hoffnung, daß es sich nicht gesellschaftsfeindlichen Tätigkeiten zuwendet. Mit einem Sextil zwischen Mars und Chiron ist man ein Meister darin, die Mars–Energie, egal in welchem Bereich, zu kontrollieren und einzusetzen. Die Energie–Resourcen sind groß und scheinen oftmals aus dem Nichts zu kommen. Man verfügt über die bemerkenswerte Fähigkeit, Mars als ein Hilfsmittel einzusetzen, sei es mit dem Skalpell oder mit dem Schnitzmesser, sei es als Athlet oder als schlagfertiger Politiker. Was immer diese Geborenen unternehmen, ihre Methoden sind mit einem persönlichen Markenzeichen versehen.

BEISPIELE FÜR MARS SEXTIL CHIRON: Tom McLoughlin, Larry Csonka, Auguste Rodin, James Blish, Dave Brubeck, Eleanor Carter, George Foreman, Elizabeth Koontz, Kate Millet, Cindy Williams, Carl Wilson, Katherine Graham, Leopold Stokowski.

Mars Quadrat Chiron

Das Quadrat von Chiron zu Mars bringt eine sehr wichtige Lehre mit sich: man muß lernen, anpassungsfähig zu sein, neue Methoden zu versuchen (wenn es sich ergibt) und zu experimentieren. Einige finden dies schon sehr früh heraus, während andere es nie zu begreifen scheinen. Aber häufig kommt es zu folgendem Erfahrungsmuster: Man findet eine Methode oder einen Handlungsplan, die gut funktionieren; also verläßt man sich kontinuierlich darauf und macht daraus eine Gewohnheit. Dies geht solange gut, bis Chiron in diesen Prozeß einhakt und und das Erfolgsrezept außer Kraft setzt oder ins Negative verzerrt. Kommt es soweit, dann wird die Person abstürzen und hart fallen. Selbst wenn sie keinen wirklichen Niederschlag erleidet, so wird sie doch wenigstens aus dem Gleichgewicht geworfen werden und muß sich neu orientieren. Zu diesem Zeitpunkt bieten sich dem Betreffenden drei Alternativen an:

1. Man paßt sich der Situation an und greift dann auf eine andere routinemäßige Methode zurück. Wer diesen Weg einschlägt wird irgendwann in naher Zukunft erneut denselben Prozeß durchmachen müssen, und zwar jedesmal dann, wenn er sich weigert, etwas zu lernen. Dieser wiederholte Streß kann aber Einfluß auf die Gesundheit nehmen und entsprechende Krankheiten hervorrufen.

2.Man läßt sich zum Teil auf die Lektion ein. Sollte dies der Fall sein, dann lernt der Geborene zwar die Tugend, neue Methoden zu versuchen, aber nicht das › warum ‹ der Aufgabe. Er ergötzt sich an jeder neuen Methode, er sucht und versucht mit jeder neuen Erfahrung und Sensation, die ihm begegnet, zu experimentieren. Und er erfindet sogar Neues. Verfolgt die Person diesen Kurs, dann wird sie weiterhin damit konfrontiert werden, daß Chiron sich dazwischenschaltet, aber der Betreffende sieht darin lediglich eine zusätzliche neue Erfahrung oder einen vorübergehenden Rückschlag.

3. Die letzte Möglichkeit liegt darin, anpassungsfähig zu werden. Man probiert das Neue, lernt aber auch zu unterscheiden und weiß schließlich, wann die alten Methoden noch von Gültigkeit sind. Zum geeigneten Zeitpunkt setzt man andere Verfahrensweisen ein und stellt sich so ein breites Repertoire an Methoden und Erfahrungen zusammen, auf die man jederzeit zurückgreifen kann. Wenn man seine persönliche Energie auf andere lenkt, um ihnen zu helfen, dann bringt man oft für jedes individuelle Problem die richtige Lösung auf den Plan und gewinnt beinahe unheimliche Einsichten. Man heißt jede Erfahrung willkommen, sieht darin aber eine Chance, kein Ende.

BEISPIELE FÜR MARS QUADRAT CHIRON: Linda Blair, J.R.R. Tolkien, Spiro Agnew, Alan Alda, Jerry Lewis, Malcolm Dean, Rockwell Kent, Sir Harry Lauder, Percey B. Shelley, Rod Stewart, Jim Morrison, Tom Aldredge, Florence Chadwick, Ezzard Charles, Nanette Fabray, Billy Graham, Valerie Perrine, Roger Staubach, Gay Talese, Peter Graves, Michael Jackson, Glen Scarpelli, Nancy Reagan, Terry Gilliam, Terry Jones.

Mars Trigon Chiron

Menschen mit Mars im Trigon zu Chiron sehen immer einen Schimmer von Innovation und möglichen Verbesserungen, selbst wenn sie nicht einmal danach suchen. Es ist gerade so, als ob es in ihrem Unbewußten immer einen Späher gibt, der nach neuen Gelegenheiten für einen Durchbruch Ausschau hält, obwohl sie bewußt mit dem in Reichweite Liegenden zufrieden sind. Positiv gesehen sind sie deshalb eifrige Innovatoren, die ganz offensichtlich mühelos neue Pforten öffnen können. Wenn sie sich vorsätzlich auf ein Problem stürzen, dann können sie Hindernisse gewissermaßen wegschmelzen. Wird ihnen harte Arbeit abverlangt, dann sind sie gewillt, sehr viel Energie in die anstehende Aufgabe zu investieren.

Es gibt noch eine andere Seite dieses Winkelaspekts. Wenn die Geborenen heranwachsen, dann kann ihnen Unerwartetes in Lebensbereichen widerfahren, von denen sie meinten, sie hätten sie im Griff. Diese überraschenden Ereignisse testen ihren Mars. Es kann sich um eine Prüfung ihrer Männlichkeit, ihrer Lebenskraft, ihrer Fähigkeit zur Problemlösung oder ihres Selbstbehauptungswillens handeln. Mit Chiron im Trigon zu einem astrologischen Faktor treten diese unerwarteten Lektionen deshalb auf, weil wir bei einer Kombination mit 120° gerne etwas bequem sind und mit einer gewissen Selbstverständlichkeit annehmen, daß uns aus diesem Bereich keine Herausforderungen erwarten. Aber Chirons Wirkung ist völlig anders gelagert als bei sonstigen Trigonen. Tore öffnen sich in Zusammenhängen, in denen wir es niemals erwartet hätten. Da Chiron im Trigon einem beibringt, nichts als sicher vorauszusetzen, lernen viele Menschen diese Lektion schnell und profitieren dadurch, daß sie Objekte betrachten können, die andere ignorieren. Sie versuchen es mit Methoden, die ansonsten nicht für gültig gehalten werden würden (da zu allgemein, zu banal, oder einfach nicht beachtenswert). Tritt einem der Betreffende mit seiner neuen Vorgehensweise gegenüber, dann ist man versucht, zu sich selber zu sagen: »Warum bin ich da nicht selber drauf gekommen, es mir doch lag die ganze Zeit auf der Zunge«.

Aber diese Konstellation birgt auch ein gewisses Risiko in sich. Manche Menschen sind innerlich nicht gefestigt und sie werden verletzt oder reagieren abwehrend, wenn die neue Pforte sich öffnet. Sie versuchen um sich herum Mauern und Barrieren zu errichten, vor allem in den Bereichen, die Chiron beeinflußt und versuchen Mars vor dem Unerwarteten abzuschirmen. Dies führt zu folgendem Ergebnis: Mars, der diese Lektionen für sein Wachstum braucht, beginnt zu verkümmern oder wird regelrecht zerstört. In diesem Fall kann der Geborene seine Marsenergie auf seltsame, manchmal unsoziale Weise zum Ausdruck bringen. Die unerwarteten Ereignisse treten nichtsdestoweniger auf (und zwar in einem Kontext, der durch die abwehrende Haltung noch ungünstiger ist), aber diese werden durch die selbsterrichteten Mauern falsch interpretiert. Der Teufelskreis setzt sich solange fort, bis die betreffende Person einsieht, daß sie ihre Wälle niederreißen muß. Dies kann sich mithilfe eines Gurus oder Heilers vollziehen oder wenn Chiron einen starken Transit zu seiner Radix – Position hat.

Behalten wir aber im Gedächtnis, daß dies nur eine der vielen Ausdruckmöglichkeiten Chirons ist, und daß diese wesentlich seltener auftritt als die positiven Gesichtspunkte.

BEISPIELE FÜR MARS TRIGON CHIRON: Helen Reddy, Karl Ernst Krafft, Richard Speck, Wendell Wilkie, Richard Daley, George W. Lippert, Conrad Moricand, Alfred deMusset, Henri P. Petain, Jacqueline Onassis, Phil Donahue, Robert Gilruth, Glen Teley, Anne Tyler, Shelley Winters, Beau Bridges, Sharon Tate, Nastassja Kinski, Christopher Atkins, Mike Munkasey, Michael Erlewine, Admiral Robert E. Peary, Marie Osmond, Keith Monn.

Mars Quincunx Chiron

Dies sind die Menschen, welche den vorgezeichneten Pfad ihrer Suche verlassen. Sie interessieren sich für Dinge, die eigentlich nicht in ihrem Fachbereich liegen. Letztendlich kann es aber passieren, daß sie in Extremen landen, denn es besteht die Tendenz, den einmal eingeschlagenen Kurs einfach immer weiter zu verfolgen und sich dabei zusehends von den allgemein üblichen Normen abzusondern. Deshalb ist es eine der wichtigsten Aufgaben dieses Aspekts zu erkennen, wie weit man gehen kann; zu wissen, wann es angebracht ist, eine Nebenroute einzuschlagen und wann es besser wäre, anzuhalten. Es besteht die Gefahr, daß diese Menschen aufgrund ihrer Geradlinigkeit in Einbahnstraßen stecken bleiben, und nicht nur unfähig sind, umzukehren, sondern nicht einmal die Notwendigkeit zu einer Umkehr einsehen. Wenn sie diese Situation später einzuordnen vermögen, können sie zur Realität zurückfinden und anderen leicht zu einer Kehrtwende verhelfen. Oft läßt es sich vermeiden bis ans äußerste Extrem zu gehen, obwohl dieser Aspekt meistens dazu antreibt, auf die eine oder andere Weise ein Pionier zu sein.

BEISPIELE FÜR MARS QUINCUNX CHIRON: Eleanor Bach, Brian G. Marsden, Sally Kellermann, Dr. Sam Sheppard, Jean Anouilh, James Hilton, Lana Turner, Joseph Alioto, Alene Duerk, Daniel James, Sammy Lee, Eric Burdon, Geraldine Ferraro, John Stamos, Paramahansa Yogananda, Serge Rachmaninoff, Dimitri Schostakowitsch, Dick Clark, Kevin Rowland.

Mars Opposition Chiron

Die Einflüsse dieser Kombination machen den Betreffenden zu einem wirklichen Kämpfer und wofür er letztendlich kämpft hängt von der Feld– und Zeichenposition dieser zwei Planeten ab. Der entwickelte Typ kann in dem Kampf für Unglückliche und Unterdrückte ganz aufgehen. Beim geistig ärmeren Typ äußert sich der Kampftrieb dergestalt, daß er meint, sich alle Lebensstationen kämpferisch erschließen zu müssen. Wichtige Aufgaben kommen aus dem maskulinen Bereich, und werden hoffentlich schon sehr früh bewältigt. Andernfalls entsteht ein übermächtiger Drang zur Selbstbehauptung, was sogar soweit gehen kann, daß diese Überkompensation den Lebensstil zerstört. Positiv an diesen Menschen ist, daß es ihnen Freude bereitet, eigene Handlungsweisen zu finden und sie genießen es, sich vom Durchschnittsmenschen zu unterscheiden.

BEISPIELE FÜR MARS OPPOSITION CHIRON: Luciano Pavarotti, Manuel deFalla, Marcel Proust, Pearl S. Buck, Leon Spinks, John V. Lindsay, Thomas Bradley, Maria Callas, Ursula LeGuin.

Aspekte mit Jupiter

Die Aspekte zwischen Chiron und Jupiter haben einen sehr starken Einfluß darauf, wie jemand lernt und wie gut es jemand versteht, Weisheit an andere weiterzugeben. Ganz gleich welcher Aspekt vorliegt, diese Person lernt vorzüglich in ungezwungenen Situationen ohne formelle Strukturierung. Je rigider die Regeln sind, umso schwieriger wird es für diesen Menschen, vor allem wenn die Aspekte zwischen Jupiter und Chiron gespannt sind. Diese Geborenen sind immer von originellen Ideen erfüllt und können sie anderen auf ungewöhnliche Weise vermitteln. Wenn sie wollen, können sie auf das Glaubenssystem der anderen einen starken Eindruck ausüben. Sie geben ihrem Leben eine eigenwillige Richtung und interpretieren ihre Umwelt auf ganze individuelle Art und Weise. Im reiferen Alter gelangen sie zu großer Selbstsicherheit und zu starken Überzeugungen. Eine Verbindung dieser zwei Planetenkräfte findet sich selten bei saft– und kraftlosen Menschen. Im Falle einer Überkompensation kann dies aber auch ins andere Extrem führen und man findet dann Menschen, die sich hinsichtlich der Standpunkte, welche sie vertreten, zu sicher sind.

Jupiter Konjunktion Chiron

Geborene mit diesem Aspekt lassen sich schwer belehren. Das heißt nun aber nicht, daß sie nicht lernwillig wären, tatsächlich wollen sie intensiver und breitgefächerter lernen als jeder andere. Das Problem heißt Struktur. Sie an einen bestimmten Ort oder an einen bestimmten Zeitpunkt zu binden ist oft sehr schwer, vor allem wenn eine gewisse Regelmäßigkeit verlangt wird. Sie fühlen sich am wohlsten, wenn sie autodidaktisch lernen können, oder wenn sie wenigstens die Themen und Rahmenbedingungen selber bestimmen können. Diese Menschen profitieren mehr von einem persönlichen Lehrer als von regelmäßigem Unterricht. Außerdem haben Menschen mit diesem Aspekt die Neigung, sich ihrer Glaubensvorstellungen sehr sicher zu sein und zweifeln wenig oder gar nicht daran, daß ihre inneren Überzeugungen richtig sind. Diese Anlage können sie je nach dem positiv oder negativ adressieren. Damit kommen wir zu einem weiteren Punkt: sie können oftmals Ereignissen eine Bedeutung abgewinnen, die andere gar nicht so wahrnehmen. Häufig sehen sie einen tieferen Sinn in Dingen, die ansonsten völlig übersehen werden oder in Ideen, die andere für trivial halten. Auf diese Weise können sie sich auf ihre Mitmenschen einstellen und ihnen bei der Sinnfindung helfen. Gerade diese an sich günstige Eigenschaft kann sich auch negativ äußern, denn sie können vielen unerfreulichen und schlechten Ereignissen große Bedeutung beimessen und eine Philosophie ersinnen, die auf Verzweiflung und Traurigkeit aufbaut. Oder aber sie konzentrieren sich auf das Negative und kommen zu einer Lebenseinstellung, die sämtliche ungünstigen Bedingungen verändern will. Eine Lektion, welche Menschen mit diesem Winkel lernen müssen lautet, dem Leben die hellen Seiten abzugewinnen und das Gute in den Menschen zu sehen.

BEISPIELE FÜR JUPITER KONJUNKTION CHIRON: Jules Lenier, George Peppard, Henry Winkler, Roddy McDowell, Edmond Rostand, Frank Sinatra, Orson Welles, Moshe Dayan, Tracey Austin, Robert Bergland, Bob Gunton, James Hodgson, Don McLean, Jascha Heifetz, Elie Wiesel.

Jupiter Sextil Chiron

Menschen mit diesem Aspekt veranlassen einen, innezuhalten und nachzudenken. Sie können Einsichten von einer bemerkenswerten Klarheit und Genauigkeit über dich, die Menscheit oder das Leben ganz generell zur Sprache bringen. Sie haben die Gabe, sich auf den Zeitgeist einzustimmen und diesen als Teil eines größeren Gesamtbildes zu interpretieren. Abhängig von der jeweiligen Entwicklungsstufe des Individuums und den jeweiligen kulturellen Zusammenhängen können sie die positiven und erhebenden oder die negativen und depressiven Gesichtspunkte interpretieren. Dadurch, daß sie den Grundcharakter ihrer Kultur zum jeweiligen Zeitpunkt so deutlich wahrnehmen, fällt es ihnen leicht, dieses persönliche Wissen zur Manipulation oder Kontrolle anderer zu mißbrauchen (wenn der Rest des Horoskops diese Anlage verstärkt). Ganz generell haben sie eine starke Neigung, sich von philosophischen Ideen fesseln zu lassen und sie bemerken dabei nicht, daß diese zu abstrakt sind, als daß sie in der Realität tatsächlich anwendbar wären. Dies kann sogar soweit gehen, daß sie versuchen, sich eine Welt zu schaffen, die zu ihren abstrakten Konzepten paßt, ohne sich dabei zu vergegenwärtigen, wie weit sie sich eigentlich schon von der Wirklichkeit entfernt haben. Falls es ihnen gelingt, solche Risiken zu vermeiden, dann ist dies ein vorzüglicher Aspekt für jede lehrende Tätigkeit oder für Unternehmungen, bei denen persönliche Interpretationen wesentlich sind.

BEISPIELE FÜR JUPITER SEXTIL CHIRON: F. Scott Fitzgerald, James Hoffa, Richie Valens, Richard Nolle, Edouard Daladier, Auguste Piccard, Ottorino Resphighi, Ted Mack, Josef Stalin, Vance Brand, Steve

Cauthen, Eleanor Clark, Eugene Fodor, Franco Harris, Roger Staubach, Beau Bridges, Eric Burdon, Paul Kantner, Katherine Graham, Joan Jeff.

Jupiter Quadrat Chiron

In der ersten Lebenshälfte besteht die Grundtendenz mit den Glaubensinhalten und den Interpretationen von bevorstehenden Ereignisse zu locker und zu bequem umzugehen. Das Universum scheint jeden Widerstand gegen Veränderung zu verabscheuen, und deshalb wird man bei diesem Winkel regelmäßig mit Umwälzungsperioden konfrontiert, weil traumatische Ereignisse eintreten, welche die Gültigkeit des persönlichen Weltbildes in Frage stellen. Und die Auswirkungen nehmen in der Regel folgenden Verlauf: entweder man paßt sich tendenziell an, aber behält seine Meinung bei, oder man vergegenwärtigt sich, daß man sich neuen Ideen und Vorstellungen öffnen muß, um wachsen zu können. Folgt man dem ersten Muster, dann erwarten einen noch sehr viel mehr Herausforderungen, solange bis man bereit ist, das zweite Modell zu übernehmen. Manchmal wird der Betreffende sich auch in ein Schneckenhaus zurückziehen, um das Selbst vor diesen Angriffen zu schützen, aber schon bei der nächsten Probe wird das Schneckenhaus zertrümmert. Wenn dieser Mensch aber lernt, neue Möglichkeiten zu akzeptieren, dann kann er oftmals verborgene und ungeahnte Bedeutungen aufspüren. Im Vergleich zu anderen Menschen interpretiert derjenige mit einem Jupiter/ Chiron – Quadrat alles sehr außergewöhnlich. Der entwickelte Typ ist gut in allen Bereichen, in denen es wichtig ist, einen individuellen Blickwinkel einzubringen. Es sind die idealen Lehrer, denn sie können auch bei komplexen Themen noch die essentielle Bedeutung übermitteln. Im öffentlichen Dienst arbeiten sie oft hinter den Kulissen des Systems und lassen die Wahrheit ans Licht kommen.

BEISPIELE FÜR JUPITER QUADRAT CHIRON: Albert Dyer, Rosalind Russell, Marcel Proust, Percey B. Shelley, Rudolph Valentino, John Cage, Henry (Scoop) Jackson, Dan Rather, Gay Talese, Nancy McKeon, Carlos Castaneda, Sheena Easton.

Jupiter Trigon Chiron

Es gibt viele Ähnlichkeiten zwischen diesem Aspekt und dem Sextil beider Planeten. Allerdings scheint das Trigon eher zu den negativen Eigenschaften wie der Manipulation oder Beherrschung anderer zu verleiten. Selbstverständlich tritt dies nicht zwingend ein und viele stehen über diesem Charakterzug. Aber die Anfälligkeit ist groß. Zum Teil sind die Gründe dafür in den jüngeren Jahren zu suchen. Der Betreffende macht gute, wie auch schlechte Erfahrungen, die eine Erneuerung seines Glaubensystems erfordern. Diese Erlebnisse treten gerade in den Zusammenhängen auf, die man vermeintlich sehr gut zu kennen glaubte. Dadurch hat man aber sehr viel und sehr schnell über andere Menschen gelernt und weiß, was sie bewegt und was sie glauben. So gelangt man zu recht bemerkenswerten Einsichten, die einem all zu oft selbstverständlich werden. Genau darin liegt aber eine Gefahr, denn dadurch, daß man seine Erkenntnisse für selbstverständlich hält, neigt man dazu, diese nach Gutdünken zu verwenden. Wenigstens am Anfang brauchen diese Menschen deshalb sehr viel Führung, um ihr Wissen so anzuwenden, daß sie anderen helfen können. Ein positives Merkmal ist, daß sie selbst die feinste Nunance einer Situation oder einer Verhaltensweise erfassen und vorteilhaft verwenden. Im Bereich der Kunst oder der Kommunikation können sie diese Begabung dazu benützen, um anderen einen Spiegel vorzuhalten, sodaß sie die Facetten ihres Selbst begreifen können.

BEISPIELE FÜR JUPITER TRIGON CHIRON: Henry Mancini, Vincent Price, Peter Hurkos, Marlon Brando, Leo Guild, Giacomo Puccini, Lucille Ball, Mao Tse–Tung, Gouverneur Brendan Byrne, Alene Duerk, Stanley Miller, Jack Kemp, Kenneth Noland, Cathy Rigby, Ron Ely, Prince, Arthur Koestler.

Jupiter Quincunx Chiron

In denjenigen mit diesem Aspekt erwächst im Laufe der Zeit ein tiefes Verständnis für die verschiedenen Denkebenen ihrer Mitmenschen. Sie lernen sich auf die Vorstellungsssysteme anderer einzustimmen und damit umzugehen, sogar wenn sie selber geistig irgendwo ganz anders stehen. Will man es auf negative Weise darstellen, dann verführt dieser Aspekt die Geborenen auch dazu, die eigenen Überzeugungen zur Manipulation anderer und zur Formung ihrer Ideale zu verwenden. Auf jeden Fall hat man keine Schwierigkeiten, planmäßig die gegenseitige Verständigung zu lenken. Es ist ebenso zu erwarten, daß sie den Ideen anderer zu einer positiveren Ausdruckskraft verhelfen. Menschen mit dieser Winkelspannung spüren häufig, daß sie bezüglich Wachstum und Expansion jenseits der herkömmlichen Regeln und Traditionen stehen. Wenn das Radix–Horoskop grundsätzlich harmonisch ist, dann ermöglicht es dieser Aspekt dem Horoskopeigner, ohne Hindernis zu wachsen und wahrlich große Höhen zu erreichen. Wird eher die negative Seite gelebt, dann ignoriert der Betreffende alle Strukturen bis ins Extrem, was möglicherweise soweit geht, daß er von anderen für völlig skrupellos gehalten wird. Allerdings kann es dieser

Winkel einem auch ermöglichen, große Resourcen zu erschließen, — sogar im materiellen Bereich — aber man muß sich vor den Versuchungen hüten, welche der Vorliebe, Grenzen zu überschreiten, innewohnen.

BEISPIELE FÜR JUPITER QUINKUNX CHIRON: Nelson Rockefeller, Aristoteles Onassis, Donald Sutherland, Phillip Berrigan, Ava Gardner, O. Henry, Ezzard Charles, Robert Six, Arthur Taylor, Edith Custer, Geraldine Ferraro, Eddie Murphy, Charles Manson, Dimitri Schostakowitsch, Alan Freed.

Jupiter Opposition Chiron

Dieser Aspekt ermöglicht es dem Geborenen zum einen, sehr viele Gelegenheiten zu sehen, welche die anderen meistens verpassen. Er nimmt oft so viele Möglichkeiten wahr, daß es ihm häufig schwer fällt, sich für eine zu entscheiden. Andererseits wird er meistens nur deshalb auf neue Pfade gelockt, weil diese eben anders sind, und er nimmt wenig Rücksicht darauf, wohin dies im Endeffekt führt. In Extremfällen steigen diesen Menschen ihre anfänglichen Erfolge zu Kopf und sie verlieren so den Kontakt zur Realität. Dann treten über Chiron Umstände ein, welche sie dazu zwingen, ihr ganze Lebensphilosophie drastisch zu überdenken. Eine günstige Ausprägung dieses Aspektes ist die gute Vorstellungsgabe und die große Liebe zum Leben. Solche Menschen wirken häufig ansteckend, und heben die Stimmung ihrer Mitmenschen. Es ist ein faszinierendes Geschenk dieser Opposition, daß sie einen unglaublich umfassenden Einblick in das Wesen und Handeln bestimmter Menschen oder das Wirken von Philosophien verleiht. Dieses tiefe Verständnis könnte ein Aktivposten sein für eine Lehrkraft in speziellen Fachbereichen oder einen Schauspieler, der besondere Charaktere darstellen soll.

BEISPIELE FÜR JUPITER OPPOSITION CHIRON: Zubin Metha, Dr. F. Regarde, Guisseppe Verdi, Doris Day, Nancy Dussault, Darlene Hand, Kris Kristofferson, Burgess Meredith, Shelley Winters, Brian Keith, Gale Storm, Adam Ant, Nikolai Rimsky-Korsakoff, Colonel Sanders.

Aspekte mit Saturn

Wie zu erwarten sind alle Aspekte zwischen Saturn und Chiron von immenser Bedeutung. Da Chiron die Überschreitung des Saturn symbolisiert, wird jede Verbindung dieser zwei Planeten einen größeren Einfluß auf die Ausgestaltung der Wirklichkeitsvorstellungen des Individuums ausüben. Alle Menschen mit einer Winkelbeziehung zwischen Saturn und Chiron haben Lektionen über Selbstbeschränkung zu lernen. Sie haben ursprünglich die Neigung, sich selber zu viele Grenzen aufzuerlegen, aber dann kommt Chiron und lehrt ihnen, wie sie diese abstreifen können. Einige lernen diese Lektionen schon sehr früh, andere erst im Erwachsenenalter, aber begreifen müssen sie diese auf jeden Fall. Sobald sie dieses Stadium hinter sich gelassen haben, gelangen diese Menschen normalerweise zu der Grundeinstellung, daß alles, was vollendet werden kann, getan werden muß. Meistenfalls — vor allem bei den harten Aspekten — liegt in der Kindheit ein deutlicher Autoritätskonflikt vor und der Umgang mit einem oder beiden Elternteilen gestaltet sich oft äußerst schwierig. Dieses Kind lernt schon sehr früh, daß Eltern keine › Götter ‹ sind und häufig gibt es sehr großen Widerstand gegen die Eltern. Manchmal entwickelt das Kind jedoch eine Doppelmoral: es weiß zwar, daß die Eltern nicht vollkommen sind, dennoch nimmt es deren Handeln im Alltag so wahr, als ob sie rein und ohne Makel wären. Folglich muß eine wichtige Lektion über die eigene Urteilskraft gelernt werden. Viele mißtrauen dem eigenen Urteilsvermögen aufgrund dieser, dem elterlichen Konflikt entspringenden Doppelwahrnehmung. Sobald der Geborene aber gelernt hat, damit umzugehen und den Konflikt bewältigt hat, wird er fähig, etwas ungewöhnliches zu unternehmen. Er kann jede Struktur handhaben und transformieren, indem er zeigt, wie sie verändert werden muß. Er erkennt daß die Wirklichkeit nur scheinbar existiert und sich mit jeder neuen Information verändert.

Saturn Konjunktion Chiron

Dies ist ein sehr seltener Aspekt. In diesem Jahrhundert kam er bislang erst ein einziges Mal (1966) vor und folglich waren bislang noch keine umfangreichen Fallstudien möglich. Eine Umfrage bei Menschen mit dieser Konjunktion erbrachte folgende Information:

Alle scheinen eine äußerst schwache Meinung von ihren Vätern zu haben, und dies bezieht sich auch auf diejenigen, welche mit Stiefvätern zusammenleben. Andererseits haben sie ein vertrautes Gefühl der Wärme für ihre Mütter. Viele hatten ungewöhnliche Eltern, sei es hinsichtlich deren Einstellungen gegenüber der Erziehung oder aufgrund starker Unterschiede der Ehepartner (z.B. große Altersunterschiede). Diese Außergewöhnlichkeit war nicht nur für das Kind, sondern auch für andere offensichtlich. Die Anzahl der Väter, welche ihre Kinder mißhandelten, scheint höher zu liegen als der durchschnittliche Erwartungswert. Sobald der Geborene mit dieser Konjunktion zurecht kommt, eröffnet sie die bemerkenswerte Chance, sich in die verborgensten Gesichtspunkte der Grundformen des Lebens, in die tief verwurzelten Institutionen der Gesellschaft oder die Strukturen, welche alle Stufen einer Kultur durchdringen, zu versenken. Diese Planetenverbindung kennzeichnet ein Individuum, welches lernt, sich seine eigene Realität zu schaffen, wenn es erforderlich ist. Und sie weist auf eine Person hin, welche ihr Selbst niemals zum Gefangenen einer Struktur werden läßt, genausowenig wie zum Gefangenen der Vergangenheit.

BEISPIELE FÜR SATURN KONJUNKTION CHIRON: Gustave Courbet, Walt Whitman, Glen Scarpelli, Nancy McKeon, John Keynes.

Saturn Sextil Chiron

Bei den meisten Menschen mit diesem Aspekt scheint es so zu sein, daß Saturn über Chiron dominiert. Anstatt daß die Person, so wie bei den anderen Chiron–Sextilen, einen Planeten benützt, um chironische Ziele wie Gleichgewicht oder Heilung zu verfolgen, gibt es bei der Verbindung mit Saturn die Tendenz, Chiron für saturnale Themen einzusetzen. Aber wohlgemerkt, ich sprach von einer ›Tendenz‹, denn viele gelangen darüber hinweg und erlauben Chiron ihren Saturn zu formen. Insofern scheint es zwei Grundcharaktere zu geben: der Saturn–Typ möchte Fehler (so wie er sie sieht) in Strukturen oder in der Gesellschaft beseitigen, damit diese noch saturnaler werden. Er neigt dazu, Saturn als den wichtigsten Teil der alltäglichen Existenz anzusehen, während er Chiron als ein Hilfsmittel betrachtet, das man zum Profit Saturns einsetzt. Dieser Menschentyp weiß die individuellen Tugenden zu schätzen, aber nur, wenn sie sich zur Verbesserung des Lebens verwenden lassen, ohne daß dabei die Grundschemen verändert werden. Der Chiron–Typ möchte dagegen Saturn ›chironisieren‹: er trachtet danach, die Grundstrukturen zu verändern, der Gesellschaft Gerechtigkeit zu bringen, Unausgeglichenheiten zu korrigieren und Möglichkeiten zu eröffnen. Dieser Typus wird alle konventionellen Methoden verwenden, die seinen Zielen förderlich sind, aber er wird sich nicht darauf beschränken. Er sieht in Saturn etwas, das verändert werden muß, und er wird sich keiner Gesellschaft anpassen, die nicht gewillt ist, notwendige Veränderungen zu verwirklichen. Und auch dann nur soweit als nötig.

BEISPIELE FÜR SATURN SEXTIL CHIRON: Jacques Cousteau, Robert Cummings, Jean Anouilh, Alfred deMusset, Maurice Ravel, Ronald Reagan, Jean Harlow, Nancy Lopez, Frederick Seitz, Prince, Kapitän James Cook, Michael Jackson, Bernard Baruch.

Saturn Quadrat Chiron

Es kommt höchst selten vor, daß der unter diesem Aspekt Geborene als Kind nicht größte Schwierigkeiten mit seinen Eltern hatte. Da beide Planeten aber über Jahre hinweg in diesem Winkelabstand zueinander stehen, handelt es sich hier wohl eher um einen Generationsaspekt. Zwischen 1935 und 1952 bildeten Saturn und Chiron 21 Quadrate und waren fast die ganze übrige Zeit innerhalb einer vertretbaren Orbisweite. Sehr viele Menschen wurden in diesen 17 Jahren geboren, und folglich kommen auch sehr viele Menschen aus Elternhäusern, in denen es zu Spannungen bezüglich der Autorität kam. Dieser Aspekt ist so ziemlich das signifikanteste aller Chiron–Quadrate, ausgenommen vielleicht noch das Quadrat zum Mars. Zunächst äußert es sich durch die Tendenz, daß man in eine gewisse Routine verfällt, um eine Struktur zu schaffen, die gegenüber jeder Veränderung unerschütterlich ist. Die Person hat eine klar umrissene Vorstellung von der Wirklichkeit. Selbst in den schwerwiegensten Fällen, wenn ein Elternteil zum Beispiel ein Tyrann war, merkt das Kind: »Dies ist die Realität«. Aber Chiron kommt und bringt den Betreffenden völlig aus dem Konzept. Das Weltbild ist plötzlich ganz anders und die Wirklichkeit muß in drastischer Weise neu definiert werden. An diesem Punkt stehen der Person zwei verschiedene Wege offen: Einerseits kann Angst zu einem beherrschenden Faktor werden. Man zieht sich zurück, weil man nicht mehr weiß, wem oder was man trauen kann. Verfolgungsängste können sich breit machen. Man merkt, daß alles, auf das man bisher zählte, nicht mehr verläßlich ist, aber man ist zu ängstlich, um nach etwas besserem Ausschau zu halten. Man sucht nach Führung — das beste, was man in dieser Situation tun kann — aber meistens läßt man sich Selbst zermalmen, bevor man um Hilfe ersucht. Die andere Möglichkeit gestaltet sich etwas positiver. Die Person erkennt, daß es an ihr selbst liegt, die Teile so zusammenzufügen, daß sich eine kohärente Definition der Wirklichkeit ergibt. Sie nimmt sich zusammen — sucht manchmal auch Beistand bei einem Berater, Psychologen oder Guru — und versucht eine funktionsfähige Lebensphilosophie zu konstruieren, die allen Angriffen widersteht. An diesem Punkt werden wichtige Entscheidungen gefällt. Manche gehen soweit, daß sie eine neue, feste und sichere Grundlage für ihr Selbst etablieren und sich dann dahinter verstecken. Wird diese Richtung eingeschlagen, dann muß man eventuell erneut durch die ganze Katastrophe hindurch, wenn man feststellt, daß die neue Realität ebenfalls falsch ist. Andere gehen noch weiter, indem sie Konventionen, Strukturen und Definitionen der Wirklichkeit allesamt mißachten, wodurch sie sehr antiautoritär werden können. Auch diese Menschen gelangen eines Tages an den kritischen Punkt, an dem alles um sie herum zusammenbricht. Es kann sich dabei möglicherweise um ein schwerwiegendes saturnales Ereignis (wie eine Freiheitsstrafe oder Armut) handeln, welches den Verlust der persönlichen Freiheit verursacht. Falls sie aus dieser Erfahrung nichts lernen, kann sich der Teufelskreis erneut wiederholen. Der beste Weg ist jedoch immer noch, jede Definition der Wirklichkeit als nur vorübergehend und jede Struktur als nützlich zu akzeptieren, und sie dabei aber nur als ein Mittel zum Zweck zu verstehen. Wenn man lernt, Veränderungen anzunehmen, wenn man die Notwendigkeit von Autorität in bestimmten Situationen anerkennt, wenn man in den Machtträgern auch nur Menschen sieht, dann kann man ein sehr gutes Gleichgewicht erreichen. Man kann Saturn bei Bedarf benützen, seine Begrenzungen bei gegebenem Anlaß aber auch genausogut hinter sich lassen. Tatsächlich kann man sich seine eigenen Strukturen schaffen, sodaß diese sich jeder Situation anpassen und diese aber auch wieder ablegen, wenn sie sich überlebt haben. Robin Williams, der selber diesen Aspekt hatte, umschrieb dies treffend mit dem Titel seiner Schallplatte: »Die Realität ist eine Krücke«.

BEISPIELE FÜR SATURN QUADRAT CHIRON: Tom McLoughlin, Jay North, Vance Packard, Robert Redford, Lance Reventlow, Burt Reynolds, Phoebe Snow, Noel Jan Tyl, Herb Alpert, David Bowie, Joe Louis, Hector Berlioz, Edwin Lanehart, Robin Williams, Andy Kaufman, Eleanor Clark, Larry Csonka, Leonard Dawson, Tom Dempsey, Don Drysdale, Mia Farrow, William Lamb, Liza Minelli, Stewart Mott, Jane Fonda, Carl Wilson, Arlo Guthrie, Phil Collins.

Saturn Trigon Chiron

Dieser Aspekt kann eine schwierige Kindheit verursachen, weil ein Elternteil das Kind ständig in Überraschungen versetzt. Gerade immer dann, wenn das Kind dachte zu wissen, was von ihm erwartet wurde, zog die Autoritätsfigur ein Kaninchen aus dem Hut, und das Kind mußte sein geistiges Bild verändern. Dies zog aber auch nach sich, daß das Kind sein Selbstbild und seine Ansichten über Einschränkungen verändern mußte. Es konnten gute oder böse Überraschungen sein und sie traten vor allem in Lebensbereichen auf, welche das Kind als hundertprozentig erwiesen ansah. Diese Erfahrung kann unterschiedliche Ergebnisse hervorrufen. Manchmal führt dies zu einem sehr wackligen Selbstbild, weil das Kind nach Eltern sucht, auf die es sich beständig verlassen kann. In diesem Fall wächst der Betreffende mit einer grundsätzlichen Unsicherheit heran und gelangt zu dem Gefühl, daß andere Menschen die › Antworten ‹ haben, aber daß er sie wohl niemals finden wird. Bei anderen kann sich dagegen ein sehr starkes Verlangen nach einer völlig standfesten Elternfigur herausbilden, die mit einem Guru, oder sogar mit einer strengen Gottheit vergleichbar ist, der sie nacheifern wollen. Denn nur so können sie sich wieder entspannen und das, › was sein sollte ‹ als selbstverständlich voraussetzen. Wieder andere können das Konzept der Veränderung in ihr Selbstbild integrieren und sogar Gefallen daran finden. Für sie steht die Welt als ein Ort zum Forschen offen und Selbstentdeckung wird zu einer großen Freude. Dieser Weg verleiht auch die Gabe, mit Vertretern von Machtpositionen klar zu kommen, weil ein inneres Verständnis und Sympathie für diese vorhanden ist.

BEISPIELE FÜR SATURN QUADRAT CHIRON: Dean Martin, Jack Sheldon, Steve McQueen, Anthony Armstrong-Jones, David St. Clair, Arturo Toscanini, Ingrid Bergman, Paul Anderson, Richard Boone, Gwendolyn Brooks, Yvonne Burke, William Caspar, Lawton Chiles, John Connally, Bradford Dillman, Robert Haack, Kardinal John Krol, Carol Lawrence, Katherine Graham.

Saturn Quincunx Chiron

Diese Menschen sind auf der Suche nach einer Variante der echten Realität — etwas, das die Wahrnehmungsweise ihrer Umgebung übertrifft. Sie anerkennen keine vorgefertigten Konzepte, außer sie empfangen sie von einer unzweifelhaften Quelle, welche sie andererseits aber sehr selten finden. Dieser Aspekt scheint einen Zwang nach Wahrheitssuche auszulösen und ebenso das Bedürfnis, für alle Fragen und Probleme eine Antwort zu finden. Infolgedessen können sie sehr großes Wissen über die unterschiedlichsten Themen erlangen und ganz besonders über jenen Topos, welcher ihrer Suche zugrunde liegt. In negativer Hinsicht besteht die Möglichkeit, daß sie genau zu dem werden, was sie bei anderen nur sehr schwer akzeptieren können: es kann sein, daß sie sich selber als eine unzweifelhafte Quelle betrachten. Selbst wenn sie sich selber tatsächlich nicht in dieser Weise sehen, so können sie dennoch bei ihren Mitmenschen den Eindruck erwecken, als würden sie so denken. Auf einer positiven Ebene gesehen werden diese Menschen beinahe immer zu Respektpersonen in ihrem Aufgabenbereich, selbst wenn man sich nicht um ihre Einstellung kümmert.

BEISPIELE FÜR SATURN QUINCUNX CHIRON: Ronald D. Laing, Earle Besserer, Jerry Lewis, Oscar Wilde, Art Arfons, Howard Cosell, Billy Graham, Claude Kirk, Sammy Lee, Patricia Neal, Peter Graves, Carlos Castaneda.

Saturn Opposition Chiron

Diese Menschen triumphieren über jede noch so unglaublich erscheinende Überlegenheit. Sie sind definitiv Kämpfer und haben in aller Regel starke Prinzipien, für welche sie sich einsetzen. Nichts und niemand wird ihnen im Wege stehen, wenn sie ein Ziel verfolgen. Oftmals sehen sie das Leben, oder wenigstens Ausschnitte dessen, als einen Krieg zwischen dem, was ist und dem, was sein sollte. Gleichzeitig sind sie überzeugt davon, daß das, was ihrer Meinung nach sein sollte, gewinnen wird. Nötigenfalls können sie aber auch sehr unbarmherzige Methoden einsetzen. Ihre Philosophie lautet: »Der Zweck heiligt die Mittel«. Wenn die anderen Aspekte in eine ähnliche Richtung weisen, dann können sie zu bedenklichen Widersachern werden und sogar für die Gesellschaft als Ganze eine Gefahr darstellen. Menschen mit diesem Aspekt neigen zu der Überzeugung, daß sie in Streitfragen recht haben und verschließen sich allen Informationen, welche auf das Gegenteil hindeuten. Aber wie bei allen anderen Chiron–Aspekten ist es auch hier so, daß die betreffende Person, wenn sie diesen Kurs zu lange verfolgt, mit drastischen Ereignissen konfrontiert wird, welche ihre kleine Welt erschüttern. Darauf gibt es normalerweise zwei verschiedene Reaktionsmuster: Entweder man zieht die Mauern noch enger um sich selber und beginnt andere als Feinde zu sehen. Oder aber man erkennt, daß kein Mensch immer alle Fakten über jeden Gegenstand wissen kann. Wird der zweite Weg eingeschlagen, dann eröffnet sich dem Betreffenden die Chance, ein scharfes Auge für neue Informationen, Tatsachen und Daten zu entwickeln.

BEISPIELE FÜR SATURN OPPOSITION CHIRON: Robert Horton, Jack Anderson, Dr. Christian Barnard, Eva Marie Saint, George Bush, Maria Callas.

Aspekte mit Uranus

Von allen interplanetaren Beziehungen ist diejenige zwischen Chiron und Uranus die ungewöhnlichste. Chiron befand sich zwischen 1952 und 1989 ziemlich oft in Opposition zu Uranus, und der Winkel war 41 mal exakt. Somit haben wir also unzählige Fallbeispiele für diesen Aspekt.

Problematischer verhält es bei der Konjunktion mit Uranus, denn in diesem Jahrhundert gibt es nicht eine einzige, und folglich wir können wir keine Horoskope lebender Menschen zu diesem Aspekt untersuchen.

Noch eine andere Erwägung: Die Umlaufbahn Chirons berührt beinahe diejenige von Uranus. Somit sind manche Chiron/Uranus–Aspekte stärker als andere, je nachdem, wie weit Chiron zum Zeitpunkt des Winkels noch von seinem Aphel entfernt ist. Die Chiron/Uranus–Oppositionen von 1952 waren demnach weniger kräftig als diejenigen von 1970 (dem Jahr von Chirons Aphel).

Der tatsächliche Einfluß von Chiron/Uranus–Aspekten scheint sich als eine Verstärkung der grundsätzlichen uranischen Züge des Geborenen zu äußern. Für diese Menschen ist es extrem wichtig, ein besonderes Individuum zu sein; sie müssen das Gefühl haben, daß sie als einmalige Wesenheiten existieren. Wenn ein Chiron/Uranus–Winkel aus dem Gesamtbild herausragt, dann neigen sie dazu, Sonderlinge mit einer ordentlichen Portion Verschrobenheit zu sein. Selbst wenn die Winkelbeziehungen nicht besonders markant sind, haben diese Menschen etwas an sich, durch das sie schwer zu kategorisieren sind, und man weiß nicht, wie man sie einstufen soll. Sie verabscheuen Scheinheiligheit. Ihnen ist es lieber, gehaßt zu werden, als heuchlerisch zu sein. Außerdem gilt ihnen nichts als heilig, denn sie glauben, daß alles verändert werden kann.

Da Uranus in erster Linie ein unkonventioneller Planet ist, hielt ich es für angebracht, mit der bisherigen Gliederung zu brechen und die Aspekte in umgekehrter Reihenfolge aufzulisten.

Chiron Opposition Uranus

Wie schon anderswo beschrieben scheint diese Opposition mit der zunehmenden Geschwindigkeit wissenschaftlicher Durchbrüche verquickt zu sein. Tatsächlich ist es ein Problem der Wissenschaft, daß sie ihre Entdekkungen schneller macht, als diese sich in die Gesellschaft integrieren lassen. Oft sogar zu schnell, um Sicherheitsvorkehrungen gegen Nebeneffekte oder die Entdeckung selber in die Wege leiten zu können. Eine ähnliche › Schwingung ‹ scheint auch den Charakter der Menschen mit diesem Aspekt zu kennzeichnen. Sie haben einen Heißhunger nach Neuem und nach Erfahrungen, welcher oft das Einleiten von Vorsichtsmaßnahmen überwiegt. Dies tritt besonders deutlich zutage, wenn die Opposition stark herausragt. Man sollte sich nicht erdreisten, dieses Menschen einzuschränken, da dies zu unerfreulichen Konsequenzen führen könnte. Der Drang nach Freiheit ist dermaßen stark, daß es häufig zu Spannungen in Partnerschaften kommt. Dieser Geborene braucht eine Beziehung, die ihm › viel eigenen Raum ‹ gewährt. Es ist aber schwierig, jemanden mit genügend innerer Sicherheit zu finden, der dem Partner diese Freiheit einräumen kann. Es handelt sich um Menschen, die immer voller Leben sind — und wenn sie am Boden liegen, dann wird es bestimmt niemals von allzu langer Dauer sein.

BEISPIELE FÜR CHIRON OPPOSITION URANUS: Leon Spinks,

Tracey Austin, Mark Fidrych, Archie Griffin, Tatum O'Neal, Michael Jackson, Adam Ant, Debbie Boone.

Chiron Quincunx Uranus

Diese Menschen können alles nur auf › ihre Weise ‹ tun, egal ob es sich nun zum Guten oder zum Schlechten wendet. Sie gehören zu dem Typ Mensch, den du nie wieder vergißt, wenn du ihn einmal getroffen hast, denn in der Regel prägen sie deinem Verstand ein untilgbares Bild ein. Sie wollen ihren Platz im Leben finden — eine Laufbahn beziehungsweise einen Weg, welcher so ganz und gar ihr eigener ist, sodaß sie sich niemals wieder auf die Suche machen müssen. Sie haben ein starkes Bedürfnis, nach etwas Ausschau zu halten, was ganz speziell sie selbst verkörpert, koste es was es wolle. Und sie bleiben niemals in Konventionen stecken — oft zum Verdruß ihrer Zeitgenossen.

BEISPIELE FÜR CHIRON QUINCUNX URANUS: Alice Cooper,Malcolm Dean, Vida Blue, George W. Lippert, Mike Schmidt, Bruce Springsteen.

Chiron Trigon Uranus

Diejenigen mit diesem Aspekt können einen Quader in ein rundes Loch einpassen, wenn sie wollen. Sie fühlen sich oft zu einer Berufslaufbahn hingezogen, die absolut nicht ihrem Charakter zu entsprechen scheint, und dennoch schlagen sie sich wacker in diesem scheinbar unangemessenen Aufgabenbereich. Man findet selten ein Individuum mit diesem Trigon, das nicht größere Berufswechsel hinter sich hat. Ein häufig vorgebrachter Grund für solch eine Veränderung ist, die erste Beschäftigung hätte ihre Integrität in Gefahr gebracht, denn sie nicht rechtschaffen oder ehrlich gemeint. Die Betreffenden hätten das, was sie als ihr Selbst betrachteten, opfern müssen, um bei ihrer Betätigung zu bleiben. Andererseits sehen sie nichts Schlechtes darin, in Bereiche einzudringen, die nicht offen und ehrlich sind, solange sie den Eindruck haben, daß sie sich dabei selber treu bleiben. Ihr Motto könnte lauten: »Sei ehrlich mit dir selber«. Darüber hinaus fällt es diesen Menschen aber unheimlich schwer, sich Fehler einzugestehen, und sie haben gerade in dieser Hinsicht oft wichtige Lektionen zu lernen.

BEISPIELE FÜR CHIRON TRIGON URANUS: Troy Perry, Fernand Leger, Carl Sandburg, Oscar Wilde, Josef Stalin, Pablo Casals.

Chiron Quadrat Uranus

Es kann zu sehr vielen Konflikten kommen, wenn jemand diesen Aspekt hat. Zum einen ist man immer sehr eigen, man unterwirft sich nie dem Diktat eines anderen. Eine günstige Auswirkung ist, daß diese Menschen bereit sind, etwas Neues zu versuchen, auch wenn sie ganz genau wissen, daß die anderen dies ins Lächerliche ziehen. Selbstverständlich würden sie Anerkennung vorziehen, aber es ist ihnen wichtiger, zum Erfolg zu gelangen oder die Wahrheit zu entdecken, als sich um die Meinung anderer zu kümmern. Weniger positiv ist dagegen, daß sie sich leicht an einen Guru oder Lehrer binden, der ihnen die Erfüllung ihrer Bestimmung verspricht. Auch in dieser Situation können sie genauso unbesorgt mit dem Spott der anderen umgehen. Eine Sache scheint für alle mit dieser Winkelbeziehung enorm wichtig zu sein: Wenn sie die Wahrheit, sei es über sich selber oder das Leben entdecken, dann wollen sie diese nach Möglichkeit ihren Mitmenschen enthüllen. Die Methoden, die hierfür gewählt werden, stehen in Beziehung zu der jeweiligen Feld – bzw. Zeichenposition von Chiron und Uranus.

BEISPIELE FÜR CHIRON QUADRAT URANUS: Hans Christian Andersen, Charles Baudelaire, Sir William Crookes, Honoré Daumier, Gustave Flaubert, Thomas Huxley, Alfred DeMusset, John Ruskin, Ray Davies, Serge Prokofiew, John S. Pemberton, Mama Cass Elliot, Jim Croce.

Chiron Sextil Uranus

Diese Menschen versuchen ihre Person in jede Botschaft einzubringen, die sie anderen zukommen lassen möchten. Meistens haben sie einen starken Hang, die Welt zu verbessern, weil sie einige hierfür gangbare Wege sehen. Sie können aber sehr leicht derart von ihren eigenen Vorstellungen vereinnahmt werden, daß sie ganz vergessen, daß es auch noch andere gültige Sichtweisen gibt. Dies hindert sie jedoch nicht im geringsten daran, noch Lippenbekenntnisse zugunsten derer abzugeben, die sich nicht von ihrer persönlichen Einstellung abbringen lassen. Es kommt selten vor, daß man jemand mit diesem Aspekt trifft und ihn später wieder vergißt. Etwas von dieser Person bleibt einem immer hängen, sei es ein Manierismus, eine Nuance ihrer Philosophie oder einfach ein Blick ihrer Augen.

BEISPIELE FÜR CHIRON SEXTIL URANUS: Ritchie Valens, Wolfgang Amadeus Mozart, Auguste Piccard, Lee Trevino, Roman Gabriel, Martin Sheen, Raquel Welch, Mike Love, Eric Burdon.

Chiron Konjunktion Uranus

Wenn du jemanden mit diesem Aspekt kennst, dann wird er dir vermutlich jede Menge zu erzählen haben, denn er hat ein langes, erfülltes Leben gelebt. Er hat sowohl die Wiederkehr Chirons als auch die von Uranus erlebt, und sein Leben war voller markanter Erlebnisse. Dies scheint eines der Kennzeichen des Aspektes zu sein — ein sehr ereignisreiches Leben. Wenn man sich Chiron als eine Linse vorstellt, welche den anderen Planeten zu höchster Intesität bündelt, dann kann man die Auswirkungen dieses Aspektes auf den Geborenen leicht begreifen. Er hat einen unglaublichen Lebenshunger und möchte das Leben in vollen Zügen genießen. Außerdem hat er das starke Verlangen ein Zeichen zu setzen, etwas zu hinterlassen, an das man sich noch lange nach seinem Tod erinnert. Aber dies entspringt nicht purer Eitelkeit, sondern vielmehr einem starken Bedürfnis, seinem Leben in dem großen Plan aller Dinge eine Bedeutung zu verleihen. Falls man je eine Person mit diesem Aspekt treffen sollte, die es nicht zu Ansehen brachte, dann wird man einen Menschen mit unzähligen, tragischen Enttäuschungen vorfinden. Eine Konjunktion ist der Beginn eines Zyklus, und der Chiron/Uranus–Zyklus ist ziemlich lange. Diese Menschen standen häufig in der vordersten Reihe bei Revolutionen oder Ereignissen, welche die Welt zu dem verändert haben, was sie heutzutage ist. Wenn man von jemandem spricht, der glaubt, daß sich unüberbrückbare Unterschiede beseitigen lassen, dann sind es diese Geborenen. Man spürt einen untergründigen Glauben, daß das Gute und Rechte am Ende überwiegt. Wenn andere Winkelspannungen nicht ernsthaft auf das Gegenteil verweisen, dann befaßt sich dieser Native intensiv mit der Lebensqualität und den Problemen der Menschheit.

BEISPIELE FÜR CHIRON KONJUNKTION URANUS: Tschu En–Lai, Golda Meir, Liu Shao Ch'i, Norman Vincent Peale, Leo Szilard, Ariel Durant, Emmet Kelly, Paul Robeson, Berthold Brecht, Erich Remarque, Ben Shahn, George Gershwin, E. Y. Harburg, Fred Astaire, Bessie Love, Eugene Ormandy, Molly Picon, Lily Pons, Gracie Fields, Dorothy Gish, Oscar Homolka, George Jessel, Zasu Pitts, Cyril Ritchard, William Boyd, Sidney Blackmer, Ernest Hemingway.

Aspekte mit Neptun

Diejenigen mit Chiron im Aspekt zu Neptun sind sehr auf die Probleme ihrer Mitmenschen eingestimmt. Andere Winkelbeziehungen können zum Handeln ermutigen oder die Hilfsbereitschaft unterdrücken, aber das Interesse ist immer vorhanden. Im Negativen tritt sogar oft der Fall ein, daß der Betreffende von seiner Besorgnis übermannt wird, sich in ein ziemlich unlogisches Schema der Hilfeleistung einhüllt, und damit vielleicht mehr Schaden als Gutes anrichtet. Die ursprüngliche Absicht ist die Lösung eines Problems. Wenn der Chiron/Neptun–Aspekt stark ist, dann ist der Geborene von etwas › außerirdischem ‹ umgeben, und dennoch verbreitet er ein Gefühl, das andere reizt, in diese › andere Welt ‹ vorzudringen. Chiron neigt dazu, die Vorstellungskraft, genauso aber auch die Empfindlichkeit für Leiden zu steigern. Deswegen wählt der Betreffende aus der Befürchtung heraus, er könnte vom Schmerz überwältigt werden, oft den Weg, Blockaden und Barrikaden aufzubauen, um das Selbst zu schützen. Sobald man mit diesen Winkelbeziehungen umzugehen gelernt hat, ohne sich hinter einer Mauer verstecken zu müssen, kann man mittels des Chiron/Neptun–Aspekts wahre Empathie erfahren, und ein wirklich spiritueller Lehrer, Heiler oder Führer werden. Selbst wenn der Winkel im Geburtshoroskop nicht besonders dominant ist, hat jeder mit einer Chiron/Neptun–Konfiguration einen träumerischen Anteil in sich.

Chiron Konjunktion Neptun

Wenn dieser Aspekt herausragend ist, dann verfügt der Horoskopeigner über die Gabe, große Menschenmassen zu beeinflussen. Abhängig vom geistigen Entwicklungsgrad kann er dies auf einer emotionalen oder einer spirituellen Ebene vollziehen. Ungünstig ausgelebt können die heilenden Qualitäten von Chiron durch Neptun zerstört werden. Der Betreffende sieht sich dann zwar in der Rolle des Veränderers von Menschen, merkt aber nicht, daß die Kräfte, welche er anzapft, nicht ihm zueigen, sondern universeller Natur sind. Dies kann für ihn selber, aber auch für andere gefährlich sein. Überwiegen die positiven Seiten, dann gibt es ein starkes Feingefühl für die Bedürfnisse der Mitmenschen und ein Grundverständnis dafür, wie man ihnen das gibt, was sie brauchen. Es ist ein günstiger Aspekt für alle Lehrer, denn er verleiht die Fähigkeit, mehr als nur Worte zu vermitteln und den Schülern mehr zu geben, als sie zu lernen glauben. Jeder mit dieser Planetenverbindung wird mit einer Überempfindlichkeit geboren, aber wenn die Umgebung, in welcher man aufwächst, einem nicht erlaubt, diese Gefühle zuzulassen, dann kann dieser Aspekt unterdrückt werden, sei es zum persönlichen oder zum gesellschaftlichen Nachteil.

BEISPIELE FÜR CHIRON KONJUNKTION NEPTUN: José Feliciano, Fernand Leger; Ottorino Respighi, Upton Sinclair, Josef Stalin, Leo Trotzky, Dennis Wilson, Don McLean, Béla Bartók, Sandy Koufax.

Chiron Sextil Neptun

Dieser Aspekt weckt eine wirkliche Sehnsucht nach › Utopia ‹, das auf ganz verschiedene Weise von der Zeichen– und Felderposition des Neptuns im Geburtshoroskop beschrieben sein kann. Dieser Traum oder diese Phantasie wird als ein Mittel gegen die meisten (wenn nicht alle) Probleme angesehen. Wenn die entsprechende Erkenntnis nach außen projiziert wird, dann sieht man darin auch eine Abhilfe für die Probleme anderer. Diese Geborenen können aufgrund ihres Idealismus und ihrer Vorstellungskraft sehr viel für ihre Mitmenschen tun, sie besitzen sehr viel › Seele ‹ und haben eine ideale Welt vor Augen. Wenn allerdings der Neptun zu stark ist, dann können sie sich selber in der Suche nach dem Ideal verlieren und sie können sogar zu dem Glauben gelangen, daß sie selber in einer solchen imaginativen Welt leben — einer Welt, welche die anderen schlicht und einfach als ein Phantasiegebilde verstehen. Die Fähigkeit zum Heilen, aber auch zu übersinnlicher Wahrnehmung ist sehr groß.

BEISPIELE FÜR CHIRON SEXTIL NEPTUN: Mike Love, Ryan O'Neal, Ritchie Valens, Arthur Bremer, Gene Pitney, Ray Stevens, Neil Diamond, Michael Moriarty, Martin Sheen, Phil Ochs.

Chiron Quadrat Neptun

Mit dem Quadrat scheint sich leichter umgehen zu lassen, als mit den Nebenaspekten zwischen Chiron und Neptun. Vermutlich rührt dies daher, daß sich der Winkel für viele Jahre innerhalb eines vertretbaren Orbis befindet, und sich dadurch zu etwas heranbildet, das wir als Teil des alltäglichen Lebens akzeptieren. Die geläufigste Ausdruckweise finden wir in der Tendenz, daß man seinen eigenen Lebenstraum formt — eine Vorstellung von dem idealen Selbst, das man sein möchte — und dann auch glaubt, so sein zu können. Es ist die Magie des Glaubens an sich selber. Diese Winkelspannung zeigt weder Erfolg noch Versagen bei der Erfüllung dieses Traumes an, sondern nur einen starken Glauben, daß der Traum genau dies beinhaltet, was man sein könnte oder sogar sein sollte. Wenn dieses Quadrat stark betont ist, entsteht außerdem der Wunsch, alle Hindernisse zu überwinden, die das eigene Verständnis vom Leben und Universum beeinträchtigen. Für manche Menschen ist der Umgang mit Neptun jedoch zu schwierig, was vielleicht mit der Umgebung ihres Heranwachsens zusammenhängt. Sie entwickeln dann die Neigung, sich auf die reale Welt zu stürzen, sich in materielle Dinge zu versenken, um ja nicht mit dem Unbekannten (das sie sehr fürchten) in Berührung zu kommen. Dennoch können sich auch diese Menschen für ihre echten Träume öffnen, aber nur wenn man ihnen hilft, diese Angst vor dem Unbekannten zu überwinden.

BEISPIELE FÜR CHIRON QUADRAT NEPTUN: Jerry Reed, Adlai Stevenson, Donald Sutherland, John Travolta, Noël Tyl, Luciano Pavarotti, Glen Campbell, David Carradine, Tom Snyder, Charles Baudelaire, Gustave Flaubert, Charles Gounod, Louis Pasteur, Walt Whitman, Julie Andrews, Craig Breedlove, Mark Fidrych, Geraldine Ferrarro, Adam Ant, Ken Kesey, Dennis Hopper, Gary Hart, Jimi Hendrix, John Paul Getty.

Chiron Trigon Neptun

Dies ist ein weiterer Aspekt, den sehr viele Menschen haben. Er ähnelt ein bißchen dem Sextil, jedoch mit dem Unterschied, daß der Betreffende dazu neigt, seine Träume als Ideale hinzunehmen, die zu einem erfüllten Leben führen — ohne sich dabei bewußt zu sein, wie wichtig diese Träume sind. Wenn man diese Träume im Kindesalter haben und äußern darf, dann fällt es einem als Erwachsener leicht, in andere Wirklichkeiten einzudringen. Wurde man dagegen als Kind dazu gedrängt, sich an die Realität zu halten, dann werden einem die Träume von anderen eingeflößt. Wenn man die Plazierung im Zeichen und Feld untersucht, kann man feststellen, von welchem Traum die Person annimmt, zu einem ausgeglichenen Leben geführt zu werden. Wenn man noch die anderen Winkelabstände, vor allem die von Saturn, berücksichtigt, dann sieht man oft, inwieweit der Geborenen seinen Träumen oder denen, die er von anderen gelernt hat, folgt.

BEISPIELE FÜR CHIRON TRIGON NEPTUN: Hal Holbrook, Liberace, Robin Moore, Sam Peckinpah, Troy Perry, Ira Progoff, Peter Ustinov, Jonathan Winters, Carlos Castaneda, Dr. Tom Dooley, Philip Berrigan, William F. Buckley, John Michael Addey, Papst Johannes Paul II., Edgar Degas, Walter Shirra, Yul Brunner, Melina Mercouri, Margaret Thatcher, Jimmy Carter, Howard Baker, James Blish, Doris Day, Alene Duerk, Stanley Hiller, Pauline Kael, Elizabeth Koontz, Sammy Lee, Patricia Neal, Shelly Winters, Gale Storm, John Stamos, Nancy McKeon, Benny Hill, James Beggs.

Chiron Quincunx Neptun

Ein Mensch mit diesem Aspekt neigt dazu, sein ganzes Leben der Jagd nach irgendeinem Traum zu widmen, vor allem wenn der Winkel aus dem gesamten Aspektgerüst herausragt. Und je mehr er dem Traum verfällt, umso mehr verändert er sich, um sich diesem anzupassen. Es ist äußerst schwierig, diesen Menschen davon zu überzeugen, daß er auf der falschen Fährte ist; es sei denn man trifft die Person, wenn sie gerade anfängt, dem Bann des Traumes zu verfallen. Von diesem Winkel scheint sehr viel Charisma auszuströmen — vielleicht ist der Zauber ansteckend. Wenn der Geborene nicht spirituell gereift ist, kann er versucht sein, sein Charisma zur Kontrolle über andere zu verwenden, und meistens hat er Erfolg damit.

BEISPIELE FÜR CHIRON QUINCUNX NEPTUN: Don Loper, Clifford Odets, Amelia Earhart, Aristoteles Onassis.

Chiron Opposition Neptun

Mit dieser Winkelspannung ist man überzeugt davon, daß die Realität, an die zu glauben man erzogen wurde, nicht so ganz in Ordnung ist — daß die Ideale, nach denen zu streben man gelehrt wurde, nicht diejenigen sind, die einen glücklich machen. Oder daß das Bild vom Universum, das einem vermittelt wurde, nicht korrekt ist, daß es vielmehr auch Löcher und Ungenauigkeiten gibt. Als ein Ergebnis davon sind diese Menschen innerlich unzufrieden und suchen nach einem klareren Bild des Universums; oder nach einem Glaubensinhalt, der ihnen wirklich inneren Frieden gibt. Sie sind gut in der Lage anderen zu helfen, aber häufig muß erst eine innere Verwirrung überwunden werden, bevor sie offen auf die Probleme ihrer Umgebung eingehen können.

BEISPIELE FÜR CHIRON OPPOSITION NEPTUN: Karl Ernst Krafft, André Malraux, Vittorio deSica, Charles Richter, Marie Osmond.

Aspekte mit Pluto

Wenn Chiron eine Aspektverbindung mit Pluto eingeht, dann verleiht dies dem Betreffenden ein Bewußtsein unerschlossener Möglichkeiten und das Wissen, wieviel Kraft verfügbar wäre, wenn dieses Potential ans Licht käme. Der Aspekt an sich ist jedoch völlig neutral. Wo der Geborene die Gelegenheiten wahrnimmt und wie er diese anwendet, läßt sich feststellen, wenn man das gesamte Horoskop untersucht. Die Person gewinnt auch Einblick darin, wie man eine Gesamtsituation umkehrt, um besseren Nutzen aus dem Vorhandenen zu ziehen. Ist der Betreffende weiter entwickelt, dann richtet er seine Aufmerksamkeit darauf, einen Weg zur Transformation zu finden, Heilung herbeizuführen und Großes aus Kleinstem zu gewinnen. Der weniger gereifte Typ verwendet sein Wissen, um zu entdecken, wie man die größte Kontrolle über eine Situation gewinnt und sich selber das größte Stück vom Kuchen abschneidet. In jedem Fall ist die Anlage vorhanden, eine Heilung kritischer, situativer Probleme zu bewirken, indem man diese einer Katharsis unterzieht, dürre Äste ausschneidet und in einer neuen Richtung fortfährt, um ihnen neues Leben einzuhauchen. Am allerbesten kommen Aspekte von Chiron mit Pluto zum Tragen, wenn sie den Geborenen anregen, Plutos transformative Kräfte auf neue Art und Weise zu benützen, um wahre Vervollkommnung herbeizuführen. Im schlimmsten Falle verstärken Aspekte zwischen Chiron und Pluto die Halsstarrigkeit Plutos, indem sie dem Betreffenden das Gefühl verleihen, er sei schon auf dem richtigen Weg, bloß weil dieser Weg von den meisten Leuten nicht akzeptiert wird.

Chiron Konjunktion Pluto

Plutos Drang nach völliger Transformation wird von Chiron verschärft, indem der Betreffende ein hochspezialisiertes Gebiet erhält, welches umgestaltet werden muß. Das Tierkreiszeichen ist in diesem Zusammenhang wichtig, von noch größerer Bedeutung ist aber das Feld, denn darauf wird diese Person ihr starkes Verlangen nach Umwandlung konzentrieren. Bei dieser Winkelverbindung ist es wichtig, daß der Horoskopeigner gereift ist, denn andernfalls könnte das Ergebnis dem Abschießen eines Todesstrahls gleichkommen. Chiron ist sinnbildlich ausgedrückt mit dem Brennpunkt eines hochmodernen Lasers vergleichbar, welcher die Person in den Stand versetzt wegzuschneiden, was an Wert verloren hat. Danach kann sie das, was übrigbleibt, neu ordnen und auf andere Weise funktionieren lassen. Dieser Aspekt macht es dem Geborenen auch möglich, sich auf verborgene und obskure Daten einzustimmen und zu konzentrieren, um diese an die Oberfläche zu bringen. Pluto intensiviert immer, und in diesem Fall verstärkt er den Drang des Geborenen, den eigenen Pfad zu verfolgen, aber auch das Bedürfnis, das ausfindig zu machen, was verändert werden muß, um Ganzheit zu erlangen. Diese Person hat eine sehr genaue Kenntnis von den allgemeinen Schmerzen, welche die Menschheit plagen, aber auch von dem tiefen Verlangen der Menschen, Lösungen für ihre Grundprobleme und Befreiung von den Leiden zu finden.

BEISPIELE FÜR CHIRON KONJUNKTION PLUTO: Karl Marx, Benito Mussolini, Gustave Courbet, Auguste Piccard, Walt Whitman, Michael Moriarity, Michael Erlewine, John Keyes, Terry Gilliam.

Chiron Sextil Pluto

Menschen mit diesem Sextil streben nach Leistungsfähigkeit und Professionalität in ihrem Leben. Dieses Handeln kommt in der Regel nicht aus dem Ego oder einem Wunsch nach Selbsterhöhung, sondern ihnen ist die Prämisse in Fleisch und Blut übergegangen, daß etwas, das gleich beim ersten Mal richtig gemacht wird, nicht nochmals getan werden muß. Sie wissen auch, daß manche Dinge nur einmal gemacht werden können. Dies ist ein sehr guter Winkel für den Forscher, denn er stattet mit einer unersättlichen Neugierde aus. Das Vertrauen des Geborenen in seine eigenen Fähigkeiten ist sehr stark, was andererseits die Bewunderung von Freunden einbringt. Ein weiteres Merkmal dieses Aspektes ist die Neigung, brutal offenherzig zu sein. Fragt man je nach einer ehrlichen Meinung, dann wird man sie von demjenigen mit Chiron Sextil Pluto bestimmt erhalten.

BEISPIELE FÜR CHIRON SEXTIL PLUTO: Neil F. Michelsen, Willie Mays, Neil Armstrong, William Ball, Alan Bean, Vance Brand, Henry Perot, Dan Rather, George Steinbrenner, Raymond Donovan.

Chiron Quadrat Pluto

Diese Winkelspannung äußert sich auf vielfältige Weise und kann unter Umständen sehr schwierig zu leben sein. Zum einen hat man ein starkes Verlangen, Meister seines Schicksals zu sein — der Kapitän seines eigenen Schiffes. Man hat meistens das Gefühl, daß es keinen anderen Weg geben kann. Eine positive Eigenschaft dabei ist, daß der Betreffende sehr viel Selbstkontrolle entwickelt und einen Durst nach neuen und besseren Wegen, um das Selbst zu prüfen. Weniger günstig ist jedoch, daß der Geborene leicht überempfindlich auf seine Umgebung reagiert, und meint, alles würde seinen › Raum ‹ ungebührlich in Anspruch nehmen. Es entsteht dann schnell die Meinung, daß die anderen versuchen, einem die Macht aus den Händen zu reißen und man betrachtet sie als Feinde. Dieses Quadrat kann sich aber auch in einem Verlangen nach ständiger Selbstentdeckung und einer großen Neugier auf das Unbekannte äußern. Überwiegt das Negative, dann entsteht die ängstliche Besorgnis, andere könnten zu tief in persönlichen Angelegenheiten herumstöbern und in das Privatleben eindringen. Manchmal kann sich diese Winkelverbindung aber auch so manifestieren, daß man sich eine Welt wünscht, in der jeder Mensch, genauso wie man selber, sein eigenes Leben führen darf. Dann ist man bemüht, für jedes Individuum die gleichen Chancen sicherzustellen.

BEISPIELE FÜR CHIRON QUADRAT PLUTO: Mario Lanza, Liberace, Mickey Rooney, George Wallace, Charles Bronson, E. W. Demara, Hugh Downs, Steve Allen, Carol Channing, Eleanor Bach, Sigmund Freud, Elbert Hubbard, Auguste Rodin, John V. Lindsay, Huey P. Long, Ray Bradbury, Howard Cosell, Nanette Fabray, George Forman, Betty Friedan, Pauline Kael, Elizabeth Koontz, Edith Custer, Admiral Robert E. Peary, John Paul Getty, Bernard Goetz, Lloyd Bentsen, James Counsilman, Minnie Riperton, Paul Thayer, Alan Freed.

Chiron Trigon Pluto

Davy Crockett pflegte zu sagen: »Sei dir sicher, daß du recht hast, dann mache weiter«. Dies dürfte der Inbegriff für alle mit diesem Aspekt sein. Sie sind normalerweise nicht besonders schnell, wenn es darum geht, sich eine Meinung zu bilden (natürlich gibt es Ausnahmen, wenn die anderen Winkel darauf hinweisen), aber sobald sie den ihrer Ansicht nach richtigen Zugang gefunden haben, ist es beinahe unmöglich, sie zu einem Gesinnungswechsel zu veranlassen. Man kann sich leicht vorstellen, daß dieser Charakterzug gut oder schlecht sein kann, abhängig von der jeweiligen Meinung und der entsprechenden Sachlage. Die positivste Eigenschaft dieses Winkels ist, daß die Betreffenden nach einer gewissen Zeit andere durch ihre innere Überzeugung beeindrucken, und daß sie sich selber treu bleiben. Normalerweise haben sie eine eindeutige Kenntnis von den subtilsten Schwierigkeiten, die in jeder Situationen auftreten können.

BEISPIELE FÜR CHIRON TRIGON PLUTO: Dr. Walter Koch, Tom McLoughlin, Phoebe Snow, Ian Fleming, Eddie Albert, Bette Davis, Max Baer Sen., Joseph Joeffre, James Stewart, Orville Freeman, Kardinal John Krol, Marc Edmund Jones, Sir Laurence Olivier, Herbert von Karajan.

Chiron Quincunx Pluto

Dieser Aspekt kennzeichnet einen Mensch, der nicht eher damit beginnt, die Bestimmung seines Lebens zu entdecken, als bis er durch ein traumatisches Erlebnis (oft der Tod eines Nahestehenden) lernt, diese Erfahrung in sein Bewußtsein zu integrieren. Davor ist der Betreffende oft leichtfüßig, ja sogar kindisch und verantwortungslos. Aber das Trauma setzt einen Prozeß der Wandlung in Gang. Dieser Mensch geht möglicherweise mehrere Jahre durch die Hölle und versucht in ihr zurecht zu kommen, es sei denn, er findet jemand, der ihm hilft, den Schmerz zuzulassen anstatt ihn unterdrücken zu wollen. Sobald es dem Geborenen gelingt, mit der Verletzung umzugehen entsteht ein unwiderstehlicher Glaube das Schicksal, der dem Geborenen für den Rest seines Lebens erhalten bleibt.

BEISPIELE FÜR CHIRON QUINCUNX PLUTO: Kirk Oates, Mark Fidrych, Archie Griffin, John Travolta.

Chiron Opposition Pluto

Dieser Aspekt tritt auf zwei verschiedene Arten in Erscheinung. Bei manchen zeigt er sich in dem großen Bedürfnis, eine starke innere Feindseligkeit, die aus der Kindheit stammt, zu überwinden. Diese feindselige Haltung kann daher rühren, daß einem als Kind von den Eltern ständig ein Strich durch die Rechnung gemacht wurde, oder daß einem von seiner Umgebung oft Feindschaft entgegengebracht wurde. Was auch immer die Gründe hierfür sein mögen, man muß lernen sich zu öffnen, seine innere Wut zu spüren, um sie dann ein für allemal hinter sich zu lassen. Bei den anderen äußert sich diese Opposition weniger als Ärger, sondern in der Sucht gewinnen zu müssen — alle Hindernisse zu bewältigen und jeden Gegner zu schlagen. In manchen Fällen richtet sich dies direkt gegen Menschen, manchmal genügt aber auch ein abstrakter Gegner.

BEISPIELE FÜR CHIRON OPPOSITION PLUTO: William Cullen Bryant, Steve Cauthen, Vanessa Williams, John Stamos, Matt Dillon, Eddie Murphey.

Aspekte zu den Mondknoten

Ähnlich wie Donna Van Toen bin ich der Ansicht, daß der nördliche Mondknoten ein Punkt »des Wachstums und brachliegender Möglichkeiten ist....Um sich diese Potentiale zu erschließen, muß man verdammt hart arbeiten.....«. Steht Chiron hier, dann muß man anfänglich sogar noch härter arbeiten als sonst. Am südlichen Mondknoten finden wir jene Anlagen und Fähigkeiten, die so sehr Teil von einem selber sind, daß sie nicht mehr weiter zu entwickelt werden brauchen. Wenn man sie für sich selber verwendet, gerät man auf ein festgefahrenes Geleis und endet mit dem Gefühl, daß man nirgendwohin geht.

Wenn man die Mondknotenenergie für andere Menschen benützt, dann ist es gerade so, als ob man Geld aus einem unbegrenzten Treuhandsvermögen nimmt — man hat immer noch mehr als genug zum Geben. Nun, jeder Mensch hat eher die Neigung, sich auf den südlichen Mondknoten zu verlassen, als in Richtung des nördlichen zu streben.

Chiron Konjunktion nördlicher Mondknoten

Der Mensch mit Chiron am nördlichen Mondknoten hat eine doppelte Schwierigkeit: nicht nur, daß er der normalen menschlichen Wesensart, dem südlichen Mondknoten zu folgen unterliegt, sondern es erfordert eine bewußte Anstrengung, den von Chiron repräsentierten Pfad — den Lehrer, den Guru, das Licht — zu suchen. Der Mensch mit Chiron Konjunktion nördlicher Mondknoten neigt dazu, viel darüber zu reden, wie er die großen Dinge erreichen will, welche von Chirons Radix–Feld repräsentiert werden. Aber er fällt ständig wieder darauf zurück, diese so anzugehen, wie er es immer schon am südlichen Mondknoten gewohnt war. Er scheint immer kurz davor zu stehen, den großenn Schritt vorwärts zu machen, nur um dann doch wieder den Weg des geringsten Widerstandes zu verfolgen. Sollte dieser Schritt jedoch tatsächlich gelingen, was oft vorkommt, dann entsteht ein Talent, das an Genie grenzt. Man erkennt die Bedürfnisse anderer sehr genau, und kann ein großer Lehrer werden.

BEISPIELE FÜR CHIRON KONJUNKTION NÖRDLICHER MONDKNOTEN: Bobby Fischer, Dick Clark, Jimi Hendrix, John Travolta, George Moscone, Herb Dennenberg, Robert Duvall, Thomas Eagleton, Jean Cocteau, Harry Chapin, Johnny Rivers, Michael Nesmith, Marty Balin, Gary Hart, Eddie Murphy, Paramahansa Yogananda, Maurice Ravel, Dimitri Schostakowitsch, Eric Idle, Jim Croce.

Chiron Konjunktion Südlicher Mondknoten

Ähnlich wie bei der Konjunktion mit dem nördlichen Mondknoten gibt es auch bei der Konjunktion mit dem südlichen Mondknoten schwierige Lektionen zu lernen. Diejenigen, denen dies nicht gelingt, fallen in ihre Vergangenheit zurück. Ihre jetzigen Probleme lassen sich einer seltsamen oder schrecklichen Kindheit zuschreiben und es gibt ein Widerstreben, diese zu bearbeiten. Stehen sie unter Streß, dann ziehen sie sich gerne auf diese Entschuldigung zurück oder fangen an, unstet zu handeln. Dadurch kehren sie die negativste Seite von Chirons Einzelgängerwesen heraus. Die Aufgabe lautet, sich von der Vergangenheit wegzubewegen, und sich nicht von ihr beherrschen zu lassen. Man hat eine Menge daraus gelernt, aber jetzt ist es an der Zeit, voranzuschreiten. Diejenigen, die ihre Lektion kennen, beginnen bald, ihre außergewöhnlichen Einsichten mit anderen zu teilen. Sie haben Chiron integriert und er ist so sehr ein Teil ihres Naturells geworden, daß sie immer darauf zurückgreifen können, wenn Not am Manne ist. Sie haben den nördlichen Mondknoten vor Augen, und ziehen Leute an, denen sie mit ihrem Chiron helfen können.

BEISPIELE FÜR CHIRON KONJUNKTION SÜDLICHER MONDKNOTEN: Merle Haggard, Dick Martin, George Sanders, Billy Carter, Clifford Odets, Arturo Toscanini, Jon Anderson, Craig Breedlove, Kathryn Grayson, Robert Holley, Ursula LeGuin.

Aspekte mit den Kardinalpunkten

Steht Chiron in Konjunktion zu einer der vier Eckfeldspitzen, dann wirkt er extrem stark, selbst wenn er sonst keinen weiteren Winkel bildet. Es wird dann für den Betreffenden sehr wichtig, ein eigenes Leben zu leben, egal was die anderen darüber denken. Dafür gibt es oft eine › Grundursache ‹, welche in Bezug zu Chirons Geburtszeichen steht, und auf die dieser Mensch immer wieder zurückgreift. In solch einem Fall handelt es sich nicht notwendigerweise um die brennende Leidenschaft eines Mars oder Pluto, sondern es ist definitiv ein Teil des Alltags. Steht Chiron an einem kardinalen Punkt, dann sieht der Betreffende manche Gesichtspunkte des Lebens aus einer sehr originellen Perspektive. Sollte dieser Mensch daran interessiert sein, anderen zu helfen, dann wird er durch seinen beispiellosen Standpunkt zu einem ausgezeichneten Lehrer, Berater, Therapeuten oder Heiler. Hier nun ein paar Gedanken zu den einzelnen Kardinalpunkten.

Chiron Konjunktion Aszendent

Die allgemeine Beschreibung für Chiron im ersten Feld paßt gut zu Menschen mit Chiron Konjunktion Aszendent, aber alles tritt etwas stärker und deutlicher hervor.

Die Augen dieser Menschen erwecken Aufmerksamkeit. Man sagt, daß »die Augen der Spiegel der Seele« sind, und wenn dies stimmt, dann haben diese Menschen sehr alte Seelen — ihre Augen schauen, als ob sie tausend Geschichten erzählen könnten. Ihre Eigenheit richten sie oft auf eine Personengruppe, die ihrer Meinung nach der Unterstützung bedarf, weil sie ungerecht behandelt wird. Es ist schier unmöglich, jemandem mit Aszendent/ Chiron – Konjunktion gegenüber indifferent zu bleiben, denn man wird herausgefordert, sich eine eigene Meinung über ihn zu bilden.

Chiron Konjunktion Imum Coeli

Die frühe Umgebung, an die sich Menschen mit Chiron an der Spitze des vierten Feldes erinnern, unterscheidet sich von der ihrer Freunde. Dieser Unterschied kann als normal angesehen werden, während man das Familienleben anderer Menschen für etwas merkwürdig hält. Einige versuchen ihren Chiron zu übertönen, indem sie das Wissen um ihren ungewöhnlichen Hintergrund unterdrücken und auf das zehnte Feld zustreben, indem sie versuchen, von jedermann akzeptiert zu werden. Wenn sie diesen Pfad einschlagen, sind sie selten glücklich. Manche gehen in das andere Extrem. Sie machen Chirons Einzelgängerdasein zu einem Teil ihres Alltags, leben nur für das Heute und kümmern sich keineswegs um das Morgen. Am glücklichsten sind jene, welche die Einmaligkeit ihrer frühen Kindheit als ein Geschenk des Himmels betrachten, weil sie dadurch ihre ureigene Lebensperspektive erhalten haben. Vor allem bei ernsten Problemen können sie anderen sehr behilflich sein, denn sie gelangen zu Einsichten, auf die man nur als objektiver Außenseiter kommen kann.

Chiron Konjunktion Deszendent

Hier heißt es den Umgang mit anderen Menschen zu lernen. In ihrer Kindheit bilden diese Menschen einige Ideen und Einstellungen heraus, die es ihnen später schwer machen, Beziehungen einzugehen. Gleichzeitig können sie aber andere gut durchschauen und sind auch bereit ihnen zu helfen. In der Regel müssen sie sehr harte Selbsterfahrungen über sich ergehen lassen, meistens bevor sie merken, daß ihre eigenen Einstellungen sie beziehungsunfähig machten. Bei manchen ereignet sich dies schon früh, bei anderen dagegen nicht vor der Wiederkehr Chirons zur Radixposition. Wenn es dann aber soweit ist, betrachten sie Beziehungen aus einer eigenwilligen Perspektive, denn sie haben vieles über sich einschleichende Fehler gelernt. Sie werden oft Berater, da sie einen hervorragenden und ureigenen Umgangsstil mit Menschen entwickeln.

Chiron Konjunktion Medium Coeli

Auch hier haben wir wiederum mehr oder weniger eine konzentrierte Form der Beschreibung von Chiron im zehnten Feld. Ich habe der Beschreibung in meinem ersten Buch wenig hinzuzufügen, außer daß diese Menschen eine Berufslaufbahn einschlagen sollten, die ihnen sehr viel Freiheit und Raum für Experimente läßt. Wenn man das MC als das Lebensziel des

Menschen, sozusagen sein › Ego – Ideal ‹ begreift, dann kann man verstehen, warum diese Person sich so sehr darum bemüht, gesund zu werden. Eine geeignete Position für Lehrer, und alle, die in ihrem Beruf den Menschen › das Licht bringen ‹ möchten.

Chiron und andere Aspekte zu den Eckpunkten

Jeder Aspekt von Chiron auf einen Kardinalpunkt verleiht Chiron mehr Bedeutung. Ein Quadrat macht einen leicht unzufrieden mit den gewöhnlichen Lebensumständen; bei einem Trigon kann man die Regeln umgehen, wenn vonnöten; ein Sextil erhöht die Aufmerksamkeit für den betreffenden Eckpunkt. Insgesamt sollte man die Grundanlage, welche der Zeichen – und Feldposition Chirons entspricht, im Auge behalten und danach den Aspekt auf den Kardinalpunkt als ein Gefüge ansehen, welches die zu lernenden Lektionen aussortiert.

Chiron und andere Punkte

Man sollte Chiron auch in bezug auf alle anderen Punkte beobachten, die man sonst bei der Deutung berücksichtigt. Zum Beispiel läßt Chiron in Konjunktion zu einem Asteroiden diesen stärker hervortreten, so als ob das Leben jenes Menschen aus dem Gleichgewicht geraten würde, wenn er diesen Faktor ignoriert. Besagte Konjunktion verleiht dem Betreffenden auch ein besseres Verständnis für die Prinzipien des Asteroiden. Eine Konjunktion zum Vertex oder dem Ostpunkt kann als Verstärkung von Chiron angesehen werden, die beinahe so stark ist, wie wenn sich Chiron auf der Aszendent/Deszendent – Achse befindet. Steht Chiron auf der Halbsumme von zwei Planeten, dann kann er wie ein Kanal wirken, der den Zugang zu den Planetenkräften erleichtert. Ich selber habe zwar noch nicht mit sensitiven Punkten oder Sonnenfinsternissen gearbeitet, aber ich vermute, daß es damit genauso funktioniert.

Chiron und der 165°–Aspekt

Al H. Morrison hat angeregt, ich solle den 165°–Aspekt untersuchen. Er schrieb mir dazu: »Es sind die Lebensbereiche der von den Planeten dieses Aspektes besetzten Felder, in denen der Geborene dieses unerschöpfliche Vermögen zum Weitermachen entwickelt, völlig ohne Rücksicht auf die praktische Realität ...... Nichts ist mit der nagenden Hartnäckigkeit des

165°–Aspektes vergleichbar: höre nie auf, etwas zu versuchen, lasse nie nach, das Unmögliche zustande zu bringen«.

Ich hatte an diesen namenlosen Aspekt zuvor keinen einzigen Gedanken verschwendet, aber ich untersuchte ihn und war von den Resultaten völlig überrascht. Ich durchforstete mehrere hundert Horoskope, suchte nach Chiron im 165°–Winkel und fand ein ungewöhnliches Aspektmuster. In den Horoskopen von berühmten und erfolgreichen Menschen kamen manche 165°– Aspekte Chirons sehr oft vor, während manche Planeten nur relativ selten diesen Winkelbogen mit Chiron eingingen.

Bis jetzt fand ich 23 berühmte Menschen mit Chiron 165° Mars und 17 mit Chiron 165° Saturn, aber nur in acht Fällen kam dieser Aspekt zwischen Chiron und Venus vor und Chiron 165° Pluto fand ich sogar nur einmal. Ich habe auch die Kardinalpunkte einbezogen und während ich bei neun Personen Chiron 165° IC fand, hatte nur einer diesen Aspekt zum MC. Diese Ergebnisse können sich wohl noch verändern, wenn wir sehr viel mehr Horoskope mit heranziehen, aber sie sind doch ziemlich faszinierend.

Das Gesamtbild, das ich entdeckte, unterstützt Al H. Morrisons These von der Ausdauer. Darüberhinaus scheint der Planet, welcher in dieser Winkelbeziehung zu Chiron steht, viel aktiver zu sein und deutlich sichtbar einen Teil des Images des Geborenen auszuprägen. Dieser andere Planet ist das Vehikel für das Beharrungsvermögen. Die Person wird ohne Unterlaß von dem aspektierten Planeten gedrängt, während Chiron damit beschäftigt ist, Hindernisse, die dieser Planetenenergie im Wege stehen, zu beseitigen. Manchmal sieht es so aus, als ob Chiron anfänglich noch zusätzlich beträchtliche Probleme schaffen würde, die gelöst werden müssen. Aber dadurch zwingt er nur dazu, noch mehr Ausdauer in den unterschiedlichsten Zusammenhängen zu entwickeln.

Interessanterweise stand Chiron bei seiner Entdeckung im Winkel von 165° zu Merkur. Das mag ein Grund dafür sein, daß wir derart stark dazu gedrängt wurden, so schnell wie möglich alles über Chiron herauszufinden.

Hier nun also eine kurze Beschreibung der 165°–Winkel Chirons zu den anderen Planeten.

Sonne 165° Chiron

Viel Enthusiasmus, Energie und Optimismus. Wird von den anderen meist als harter Arbeiter beschrieben und neigt zum Experiment. Schaut stets nach alternativen Methoden, um seine Ziele zu vollenden. Diese Menschen freuen sich zwar über das Neue, wehren sich aber sehr strikt gegen jede Veränderung, die von außen an sie herangetragen wird.

BEISPIELE FÜR SONNE 165° CHIRON: Chuck McKinley, William Rehnquist, Muhammad Ali, Wendell Wilkie, Cornell MacNeil, Arthur Schlesinger, Robert Smithson, Clifford Odets, O. Henry, Nikola Tesla, Guy Lombardo, Roger Moore, Norman Vincent Peale, Jimmy Carter, Michel Gauquelin (Anmerkung: Françoise Gauquelin hat Chiron 165° Saturn).

Mond 165° Chiron

Man hat die Neigung sehr charmant, witzig und ideenreich zu sein. Das Kommunikationsbedürfnis ist verstärkt, ebenso die Intelligenz. Die meisten können gut andere Menschen führen. Negativ tritt in Erscheinung, daß sie zu Arroganz neigen, was beobachtet werden sollte. Sie sind sehr vielseitig, solange sie neue Dinge versuchen, aber ein bißchen widerstrebend, wenn diese von anderen angeregt werden.

BEISPIELE FÜR MOND 165° CHIRON: Michael Tilson Thomas, Leo Guild, Jack Paar, Bob Gunton, William Huffman Stewart, Bert Convey, Kurt Russell, Lyndon B. Johnson, Ethel Merman.

Merkur 165° Chiron

Auch hier liegt wiederum sehr viel Intelligenz vor oder zumindestens die Einbildung, intelligent zu sein. Meistens sehr humorvoll und sehr redselig. Werden oft als schnelle Denker beschrieben oder als Menschen, die auf alles eine Antwort parat haben. Arbeiten hart, vor allem bei geistigen oder kommunikativen Betätigungen.

BEISPIELE FÜR MERKUR 165° CHIRON: Robert Bruce Mathias, Robin Evan Roberts, Roger Staubach, Johnny Carson, Henry Cabot Lodge, David St. Clair, Bennet Cerf, George C. Scott, George Harrison, Rich Little.

Venus 165° Chiron

Bei diesem Aspekt beschäftigt sich der Geborene übermäßig stark mit einem oder mehreren Gesichtspunkten der Venus und stellt diesen Planeten an die oberste Spitze seiner Prioritäten. Bei manchen führt dies sehr früh zu einer Liebe von Geld, Besitz und Vergnügen. Bei anderen herrscht das Konzept der Liebe vor. Sie sind in ihren jungen Jahren stark verletzlich. Manche reagieren darauf mit Lernen, andere projizieren den Schmerz nach außen, wieder andere haben Schwierigkeiten, weil sie ihre Leiden genießen.

BEISPIELE FÜR VENUS 165° CHIRON: Thomas Otten Paine, Tom Poston, Richard Speck, Janis Joplin, Harry Tracy, Schah Pahlavi von Iran, Ray Stevens, Neil Diamond.

Mars 165° Chiron

Mars bringt in der einen oder anderen Form einen starken Lebenshunger zum Ausdruck. Bei den meisten Menschen mit diesem Winkel spürt man einen Killer–Instinkt, obwohl dies von anderen Aspekten gemäßigt und kanalisiert werden kann. Tendenziell sind sie anspruchslos, geradeheraus, sehr aktiv, kräftig und willensstark. Diese Menschen brauchen immer Herausforderungen und Bewegung. Die meisten sind eher aggressiv, aber es gibt auch den anderen Typus, der seine Aggression unter durchdachten und zweckmäßig verdeckten Masken verbirgt. Diese Person gibt sich dann sehr zurückhaltend, aber der scharfsinnige Beobachter spürt die potentielle Angriffslust.

BEISPIELE FÜR MARS 165° CHIRON: Louis Armstrong, Bill Maudlin, Yves Montand, Baron Manfred von Richtofen, William Saroyan, Bela Lugosi, Jack Nicholson, Warren Beatty, Billy Carter, Roberta Cowell, Moses Gann, Ken Kesey, Bob Lilly, Otis Chandler, John Clifford, William Colby, Judy Collins, Wayne Embry, Kathryn Grayson, Craig Breedlove, Robert C. Byrd, Isaac Asimov, Prinzessin Gracia von Monaco.

Jupiter 165° Chiron

Diese Geborenen brauchen immer etwas und suchen nach Antworten. Sie müssen immer weiter, weiter und weiter gehen. Ihre Liebe nach Freiheit ist sehr stark und wird von einem Haß für alle von außen auferlegten Beschränkungen begleitet.

BEISPIELE FÜR JUPITER 165° CHIRON: Anthony Joseph Foyt, Rex Harrison, Conrad Moricand, Friedrich Nietzsche, Harry Tracy (siehe auch Venus 165° Chiron bei diesem überführten Mörder), Ian Fleming, Miguel Hidalgo.

Saturn 165° Chiron

Diese Menschen werden zunächst von einer unermüdlichen Neugier angetrieben und mit zunehmendem Alter verstärken sie diese entweder, oder unterdrücken sie. Es sind sehr erdhafte Menschen und Saturn übt einen starken Einfluß auf sie aus. Manche haben Saturn externalisiert und betrachten die Welt als einen sehr miserablen Ort oder voller Feinde. Andere dagegen verfolgen Saturn als ein Ziel und sind damit beschäftigt, die Strukturen eines größeren Umfeldes aufzudecken. Viele personifizieren den Weg, den die meisten von uns einschlagen möchten.

BEISPIELE FÜR SATURN 165° CHIRON: Yogi Berra, Joan Caulfield, Hugh Downs, Clay Felker, Robert Alan Good, Louis Groza, Robert Kastelmeier, Eleanor Parker, Garth Allen, Camille Flammerton, Alfred E, Housman, Dr. Sam Sheppard, Gore Vidal, Judy Garland, Norman Lear, Lee Marvin, Françoise Gauquelin (Michel Gauquelin hat Sonne 165° Chiron).

Chiron 165° Uranus

Diese Menschen weigern sich, ihre Individualität einer äußeren Kontrolle zu unterstellen. Sie wollen zwanghaft ihre ureigenen Dinge verwirklichen.

BEISPIELE FÜR CHIRON 165° URANUS: Steve Cauthen, Paul Gauguin, Jay Waverly North, Craig Russell.

Chiron 165° Neptun

Hier gibt es ein Interesse an Macht, aber nicht im plutonischen Sinne. Es geht vielmehr darum, genügend Macht zu haben, um das, was ist, in das, was man sich wünscht zu verändern.

BEISPIELE FÜR CHIRON 165° NEPTUN: Richard J. Daley, Estes Kefauver, Don Ameche, David O. Selznick, Walter Slezak.

Chiron 165° Pluto

Das einzige Beispiel, das ich bislang für diesen Aspekt gefunden habe, ist der Schwimmer *Richard DeMont*, welchem die zweifelhafte Ehre zuteil wurde, als erster Olympiateilnehmer wegen angeblichen Dopings vom Sieg disqualifiziert zu werden.

IC 165° Chiron

Dieser Winkel überraschte mich, weil man ihn viel häufiger verbreitet antrifft als den 165°–Aspekt zum MC. Aber bei dieser Planetenstruktur ist Chiron auch nur 15° vom MC entfernt, und vielleicht steht er deshalb besonders erhöht. Ein gemeinsames Element scheint die Vorliebe zur Show zu sein, was sich vor allem in der Kleidung zeigt. Auf jeden Fall schlüpfen diese Menschen nahtlos in jede Rolle und identifizieren sich völlig damit. Sie hinterlassen immer einen großen Eindruck.

BEISPIELE FÜR IC 165° CHIRON: David Warren Bruebeck, John Renaldo Ottina, Sam Peckinpah, Jane Russell, Gay Talese, Jim Bailey, Herman Göring, Morgana King, Rick Springfield.

MC 165° Chiron

Diesen Aspekt habe ich bislang nur ein einziges Mal bei General *Frederick Carlton Weyand*, dem Kommandeur der amerikanischen Streitkräfte in Vietnam gefunden, und enthalte mich deshalb eines Urteils über diese planetare Verbindung.

Aszendent 165° Chiron

Der Aszendent wird betont. Der Geborene projiziert die Qualitäten des aufsteigenden Zeichens stärker als sonst.

BEISPIELE FÜR ASZENDENT 165° CHIRON: Sandy Duncan, Claude Roy Kirk, Eddie Albert, Maurice Ravel, Lana Turner.

Deszendent 165° Chiron

Diese Menschen sind normalerweise sehr gründlich in ihren Aktivitäten. Sie lassen nicht zu, daß andere Leute den Lauf ihrer Aktionen beeinträchtigen. Sie sind oft sehr in ihre Arbeit vertieft, die meist sehr spezialisiert ist.

BEISPIELE FÜR DESZENDENT 165° CHIRON: Bobby Stone, James Blish, Dr. Walter Koch, Vincent Price.

Ein letzter Gedanke zum 165°–Aspekt. Da dieser Aspekt bislang noch selten in der astrologischen Literatur erwähnt wird, wäre es eine gute Idee, auch die 165°–Aspekte aller anderen Planeten in unseren Horoskopen zu untersuchen. Auf diese Weise könnten wir ein besseres Gefühl für den Winkel als solchen entwickeln. Den besten Fingerzeig für seine Bedeutung erhalten wir vielleicht, wenn wir ihn im Rahmen der ganzen Aspekt–Familie sehen: 165° = 11/24; 150° = 10/24; 135° = 9/24; 120° = 8/24 usw. Was haltet ihr davon?

Prognose

Bislang habe ich mich vorwiegend auf den Radix–Chiron konzentriert, aber genauso wie die Hauptplaneten ist Chiron auch für die Prognose von Bedeutung. Wie ich schon in meinem ersten Buch ausgeführt habe, erhält man eine gute Vorstellung von Chiron im Transit, wenn man die Schlüsselbegriffe liest. Die Erfahrung hat gezeigt, daß dies auch auf die Progressionen zutrifft. Dennoch ein paar Punkte, die ich an dieser Stelle hinzufügen möchte.

Transite

Um wirklich verstehen zu können, was ein Chiron–Transit bewirkt, muß man zuerst die Radix–Position untersuchen und die dazugehörigen Aspekte betrachten. Ich habe festgestellt, daß Chiron immer eine Auswirkung hat, egal welchen Planten er transitiert, aber ich habe auch herausgefunden, daß die signifikantesten Ereignisse dann eintreten, wenn der Chiron–Transit über einen Planeten oder Punkt geht, der auch schon einen Aspekt mit dem Radix–Chiron bildete. Ich halte die folgende Vorgehensweise am geeignetsten, um Chiron im Transit verstehen zu lernen:

1. Suche die Chiron–Transite in jeder Winkelspannung auf den Radix–Chiron. Dadurch erhältst du deinen eigenen Chiron–Zyklus. Berücksichtige aber nicht nur die Spannungsaspekte, sondern auch Sextile und Trigone. Bei den spannungsreichen Winkeln fallen einem zwar die herausragensten Lebensereignisse ins Auge, aber die anderen Aspekte bringen genauso wichtige Wendepunkte, und alles in allem erhält man ein klareres Bild von dem, was der Radix–Chiron für einen bedeutet.

2. Dann untersuche die Chiron–Transite auf die Planeten, welche einen Aspekt zum Radix–Chiron haben. Es kann gut sein, daß sich einige Daten mit den zuvor gewonnenen überschneiden, vor allem wenn die Planeten im Geburtsbild einen exakten Aspekt bilden, aber es treten auch andere Ereignisdaten in Erscheinung, wenn man die kleinen Aspekte wie Septile oder Quintile berücksichtigt. Ein Transit auf solch einen Planeten mit Nebenaspekt auf Chiron stimuliert die natale Winkelverbindung.

3. Nun kann man dazu übergehen, die Transite auf die restlichen Planeten und Punkte im Grundhoroskop zu betrachten. Ohne Zweifel ist alles gleichermaßen von Bedeutung, aber die Erfahrung hat mich gelehrt, daß sich diese Transite viel leichter verstehen lassen, wenn man zuerst die Ereignisse untersucht, die man in Schritt 1 und 2 herausgefunden hat.

Die folgenden Ausführungen basieren auf einem Artikel, den ich in *The Key* und in *Mercury Hour* veröffentlicht habe. Die *Association for Studying Chiron (ASC)* hat über einen längeren Zeitraum hinweg einen Fragebogen verschickt, um zu erheben, was sich unter den verschiedenen Transiten Chirons ereignete. Der Rücklauf erfolgte zwar nicht zur vollsten Zufriedenheit, aber es liegen inzwischen genügend Antworten vor, um hier von einigen vorläufigen Ergebnissen berichten zu können.

Als erstes läßt sich beobachten, daß bei jedem Chiron–Transit bestimmte Ereignisse eintreten, egal welcher Planet transitiert wird. Andererseits sind manche Ereignisse mit einem entsprechenden Planeten identifiziert und treten nur auf, wenn Chiron einen Transit mit diesem Himmelskörper hat. In der Umfrage wollten wir die Auswirkungen von einem Chiron–Transit in Konjunktion zu den Planeten, dem MC und dem AC herausfinden. Wir forderten auch dazu auf, nach Quadraten und Oppositionen von Chiron auf die persönlichen Planeten zu achten. Schließlich fragten wir auch noch extra nach dem Quadrat und der Opposition von Chiron auf seine eigene Radix–Position. Bei der Auswertung ergaben sich zwei entscheidende Probleme.

Viele Leute, die antworteten, hatten bislang noch kaum Transite von Chiron erlebt und füllten deshalb nicht alle Fragen aus. Aber es gab genug Antworten, um jeden Transit halbwegs zu erfassen. Andere haben die Fragen zum Teil durchgestrichen und etwas anderes eingesetzt wie zum Beispiel Progressions–Aspekte.

Nun zu den Ergebnissen im einzelnen. Unter den meisten, wenn nicht gar allen Chiron–Transiten kam es zu folgenden Ereignissen: ein größerer Umzug, oft über eine weite Distanz; Verlassen des Ehepartners oder von ihm verlassen werden; Begegnung mit jemandem, den man später heiratet; Wiederheirat von Vater oder Mutter; Geburt eines Kindes; Geburt eines Geschwisters; Tod eines Nahestehenden; Eintritt in die Schule.

Weiterhin spielte die Gesundheit bei allen Chiron–Transiten eine gewichtige Rolle, sei es die eigene oder die von anderen Menschen. War ein bestimmtes Gesundheitsproblem oder ein bestimmter Teil der Anatomie angesprochen, dann konzentrierte sich der Brennpunkt der Spannung in mehr als der Hälfte aller Fälle auf den aspektierten Planeten, z.B. richtete sich Chiron Konjunktion Venus auf die Mandeln, oder Chiron Konjunktion Jupiter auf die Leber.

Neben den oben erwähnten Grundzügen, die sich bei allen Aspekten zeigten, wurden bei den einzelnen Planeten noch andere Ereignisse wiederholt angeführt, die ich in Stichpunkten aufzählen möchte.

Chiron Konjunktion Sonne. Ereignisse, die größere Veränderungen im sozialen Leben brachten. Lehren aufgrund von Selbstbehauptung oder weil man sich auf › Sicherheiten ‹ verläßt, die dann zu der Erkenntnis führen, daß man ziemlich selbstzentriert war. Gefühle der Entfremdung. Man fühlt sich › auf seinen Platz gestellt ‹. Auseinandersetzung mit Gesundheit und Vitalität. Die Ereignisse unter diesem Transit waren eher traumatisch als erfreulich.

Chiron Konjunktion Mond. Auseinandersetzung mit der Weiblichkeit. Veränderung von Einstellungen, entweder aufgrund von Gesundheitsproblemen oder als Ergebnis von Lektüre. Häufig ein Wohnungswechsel. Einige Ereignisse waren traumatisch, aber die meisten waren erfreulich oder einfach nur unbequem.

Chiron Konjunktion Aszendent. Die erste Auslandsreise oder zum erstenmal weit weg von zu Hause. Eine Zeit vieler Krankheiten. Man bekommt etwas, was man schon lange wollte oder zieht Vorteile aus einer Gelegenheit. Erlebnisse, die zu größerer Reife führen. Die traumatischen Ereignisse standen meist in Bezug zu einem Todesfall oder einer wichtigen Erkenntnis über die negative Seite der Welt und ihrer Menschen.

Chiron Konjunktion Merkur. Entstehen neuer Ideen. Kommunikationsprobleme. Eine Zeit geistiger Anregung. Schulzeit oder Rückkehr zur Schule nach zeitweiliger Abwesenheit. Gesundheitsprobleme mit den Nerven oder aufgrund von Erschöpfung. Eröffnung eines Unternehmens.

Chiron Konjunktion Venus. Veränderung der Arbeitssituation, Berufswechsel oder eine neue Laufbahn. Traumatische Erlebnisse im sozialen Leben. Veränderung der Einstellung zum Liebespartner, manchmal zum Guten, manchmal führt es aber auch zum Bruch. Sich verlieben oder Geliebte treffen. Das Entdecken unvermuteter Talente. Neue künstlerische Wege versuchen.

Chiron Konjunktion Mars. Einen Schritt in die Unabhängigkeit unternehmen. Veränderung der Einstellung gegenüber Sex und der eigenen Sexualität. Beginn neuer Projekte.

Chiron Konjunktion Jupiter. Religiöser werden, sich spirituellen Dingen zuwenden oder von den Glaubensvorstellungen der Eltern desillusioniert werden. Veränderung der Einstellung zum Leben. Meistens positive Ereignisse, wie etwa ein Anwachsen der eigenen Popularität oder bessere Stellung im Arbeitsverhältnis.

Chiron Konjunktion Saturn. Veränderung in Partnerschaften oder das Ende einer Beziehung. Partnerschaft wird zum erstenmal zu einer Verpflichtung. Probleme mit den Zähnen. Berufswechsel oder Übernahme einer ständigen Beschäftigung.

Chiron Konjunktion Chiron. Reisen in ferne Länder. Beginn eines Interessengebietes, welches bald das ganze Leben vereinnahmt. Auseinandersetzung mit der Krise eines Verwandten. Sich mit einer persönlichen Krise befassen.

Chiron Konjunktion Uranus. Meistens eine größere Reise, ein Umzug oder Berufswechsel. Gefühle der Einsamkeit oder des Andersseins.

Chiron Konjunktion Neptun. Veränderung der Religion oder Lebensphilosophie. Größere Enttäuschung, welche einen wieder mehr in Kontakt mit der Realität bringt. Erste Erfahrungen mit dem Okkulten, Übersinnlichen oder Spirituellen. Gesundheitlich tritt eine Wende zum Besseren ein.

Chiron Konjunktion Pluto. Beginn von etwas Neuem, das harte Arbeit erfordert. Zwischenfälle, die einem zeigen, wieviel oder wiewenig Kraft man zur Verfügung hat, bzw. wieviel Respekt einem die anderen entgegenbringen. Ereignisse, die einem den Unterschied zum anderen Geschlecht deutlich machen.

Chiron Konjunktion MC. Man wird mit etwas zum ersten Mal konfrontiert, zum Beispiel, daß man seinen ersten Vortrag hält. Konflikte mit Autoritäten oder Kapazitäten, was dazu führt, daß diese ihre Position aufgeben müssen oder den Einfluß über einen verlieren. Enttäuschungen, die zu einem Überdenken des Lebensstils anregen, und eventuell zu einer Verbesserung des Lebens führen.

Chiron Quadrat Sonne. Gesundheitskrisen, die zu einer Erschöpfung oder Depression führen. Veränderungen der gesellschaftlichen Stellung: sich verheiraten, sich von dem Partner trennen, das erste Kind bekommen oder nicht mehr länger ein Einzelkind sein. Einschneidende Veränderung des Lebens, z. B. durch die Begegnung mit einem spirituellen Führer oder durch einen Arzt, der einem die Veränderung der Lebensweise anrät.

Chiron Quadrat Mond. Veränderungen in der Beziehung zu Frauen oder zur eigenen Weiblichkeit. Für sich selber sorgen, nachdem man eine Weile lang unterstützt wurde. Frauen bekommen Schwierigkeiten mit ihren Geschlechtsorganen. Dinge, welche die tägliche Routine oder die Einstellung zum Alltag drastisch verändern.

Chiron Quadrat Merkur. Bedürfnis nach Zuwachs an Kommunikation, sei es durch (Briefe) schreiben, unterrichten oder Vorträge halten. Oft verpflichtet man sich wieder zum Militär. Manchmal findet man auch seine erste Liebe, oder eine › verbotene ‹ Liebe.

Chiron Quadrat Venus. Veränderungen in der Liebe, z.B. kann man entdecken, daß man festgefahren ist, daß man sich immer wieder in den gleichen Typ verliebt oder daß man in seiner Definition der Liebe zu fixiert ist. Empfänglicher für sinnliche Erfahrungen. Verstärktes Interesse an Kunst oder Musik.

Chiron Quadrat Chiron. Die Art der Erfahrung ist nicht durchgehend gleich, aber meistens kommt es zu drastischen Veränderungen des Lebens. Man muß z. B. einer neuen Facette des Lebens ins Auge sehen. Häufig fühlt man sich zu der Zeit in irgendeiner Gruppe oder Stellung am falschen Ort und spürt den starken Drang nach einem Wechsel.

Chiron Quadrat AC. Zusammenprall mit Autoritäten, Streit mit Partnern. Leuten mit einer völlig anderen Lebensweise begegnen. Einen Umzug vornehmen.

Chiron Opposition Sonne. Veränderungen im sozialen Leben, entweder durch die Begegnung mit vielen neuen Menschen oder durch den Beginn bzw. das Ende einer wichtigen Beziehung. Berufswechsel.

Chiron Opposition Mond. Größeres Körperbewußtsein erlangen, entweder durch Einstellungsveränderung oder durch gesundheitliche Probleme. Veränderungen im Bereich der Bildung.

Chiron Opposition Chiron. Oft bricht man eine Beziehung ab und/oder beginnt eine neue. Man gewinnt ein anderes Verhältnis zu den Familienmitgliedern. Viele Reisen.

Chiron Opposition AC. Man erreicht eine neue Ebene in bestehenden Beziehungen, oder verändert das Selbstbild als Ergebnis einer Beziehung.

Chiron im Transit zur AC/MC–Halbsumme. Sehr viel Ruhelosigkeit. Wirtschaftliche oder berufliche Krisen, welche eine extreme Vorgehensweise erfordern. Krisen im Sexualleben, entweder durch Vergewaltigung, Verlust der Jungfräulichkeit oder eine Fehlgeburt. Auch Tod oder Geburt spielt eine Rolle.

Bevor ich das Thema Transite abschließe, möchte ich noch zwei weitere Punkte diskutieren: Der Transit von Chiron bringt eine bemerkenswerte Gelegenheit, um den freien Willen zum Ausdruck zu bringen und einen Wendepunkt herbeizuführen. Je mehr Planeten also den Chiron–Transit erhalten — je mehr Teile des Selbsts man in den Zustand von Chiros bringt — umso mehr Anteile der Persönlichkeit sind in den Entscheidungsprozeß verwickelt. Das heißt also, je weitreichender die Möglichkeiten sind, desto mehr Tore können sich öffnen und umso größer sind die Möglichkeiten der persönlichen Entwicklung zur Ganzheit. Und wenn drei oder mehr Planeten innerhalb einer kurzen Zeitspanne aspektiert werden, dann scheint sich die Wirkung oft wellenartig auf das gesamte Horoskop auszudehnen. Es werden dann auch Planeten beeinflußt, die von dem Transit überhaupt nicht aspektiert sind.

Wenn Chiron zur gleichen Zeit wie ein anderer Planet einen Transit bildet, dann ist es häufig so, daß Chiron eine Situation vorbereitet, in welcher der Transit des anderen Planeten besonders stark wird — als ob Restriktionen, welche den Transit normalerweise in Schach halten, beseitigt werden würden. Dies kann sich besonders bei Transiten von Mars und Pluto bemerkbar machen, die ziemlich verheerend sein können, wenn sie unkontrolliert bleiben.

Progressionen

Wenn ich persönlich mit Progressionen arbeite, dann bevorzuge ich die Sekundär–Progressionen (1 Tag = 1 Jahr), weil ich damit zu den besten Resultaten komme. Deswegen kritisiere ich jedoch die Methoden, welche mit einem anderen Direktionsschlüssel arbeiten nicht — jeder soll das verwenden, was ihm am besten liegt. Aber aufgrund meiner Erfahrungen mit dieser Methode beschränkt sich das folgende Kapitel auf die Sekundär–Progressionen.

Weil sich Chirons Umlaufbahn zwischen Saturn und Uranus befindet, bewegt er sich bei den Progressionen nicht sehr viel. Neun Bogenminuten im Jahr war bislang das Optimum, das ich beobachten konnte, und das entspricht nicht einmal der normalen Quote. Selbst bei höchster Geschwindigkeit braucht er über sechs Jahre, um ein Grad fortzuschreiten, während er bei der typischen jährlichen Bewegung von nur wenigen Minuten ganze 15, wenn nicht gar mehr Jahre für die Progression um dieses eine Grad benötigt.

Es versteht sich von selber, daß man unbedingt die präzise Radix–Position von Chiron braucht. Die von Eve S. Gregory berechnete Ephemeride mit den täglichen Himmelspositionen für die Jahre 1891 bis 2000 ist sehr genau.

Unter Verwendung der im Aspekte–Kapitel vorgeschlagenen Orben läßt sich folgendes beobachten. Steht Chiron beispielsweise 5° vor einer Konjunktion mit der Sonne, dann vergeht eine ganze Lebensspanne, bevor er das exakte Aspektverhältnis erreicht. Und mit jedem weiteren Lebensjahr wird der Einfluß von Chiron wachsen. Dies ist die Grundsituation bei Progressionen von Chiron, wenn der Aspekt bei der Geburt applikativ war; er wird bis zur Kulmination immer stärker.

War der Aspekt andererseits bei der Geburt separativ, dann erlebt man *kein* allmähliches Nachlassen von Chirons Wirkung. Im Gegenteil, man akzeptiert und integriert den frühen Einfluß schrittweise, sodaß er mehr und mehr in Einklang mit dem Selbst kommt.

Wenn ein Radix–Aspekt progressiv bis zum exakten Aspektverhältnis fortschreitet, dann manifestieren sich die mit dem Aspekt verbundenen Ereignisse ungefähr 15 Bogenminuten bevor es soweit ist. Selbst bei seiner schnellsten Bewegung ergeben sich dabei immer noch etwa zwei Jahre mit chironischen Begleiterscheinungen. Die besonders dramatischen Umstände treten im Bereich zwischen 0° 05'vor und 0° 05' nach der Kulmination ein.

Das macht, wenn man wiederum von der höchsten Geschwindigkeit ausgeht, ungefähr einen Zeitraum von knapp über einem Jahr aus.

Wenn die Progression exakt ist, gibt es meistens eines oder mehrere Ereignisse, die besonders anschaulich zu dem aspektierten Planet passen, aber sie stehen immer im Kontext zu dem Gesamtgefüge der Geschehnisse, die während der Applikation von Chiron eintreten.

Am besten läßt sich mit den Progressionen verfahren, wenn man die Schlüsselbegriffe verwendet. Zudem habe ich herausgefunden, daß der Begriff › Stolperstein ‹ ausgezeichnet Chirons Progressionen auf Radixstände beschreibt.

Was die Auswirkungen eines progressiven Planeten zu Chiron anbelangt, so kann ich dem, was ich schon in meinem ersten Buch gesagt habe, nicht mehr viel hinzufügen. Der progressive Planet wird verändert und versucht neue Dinge. Chiron nimmt dem progressiven Planet die Hemmungen. Außerdem gibt es eine sehr viel größere Wahlfreiheit in den von besagtem Planeten repräsentierten Bereichen.

Partnerschaft

Bei der Untersuchung von Partnerschaften ist Chiron äußerst wichtig. Ich werde mich mit dem Horoskopvergleich und dem Composite befassen, da ich der Meinung bin, daß beide sehr viel zum Verständnis der gegenseitigen Interaktion beitragen.

Zunächst aber kurz ein paar allgemeine Worte über Beziehungen. Was Beziehungen definiert ist die spezielle Verbindung der Beteiligten, ihre gemeinsame Grundlage. Dies gilt für Liebesbeziehungen genauso wie für Lehrer/Schüler, Eltern/Kind oder jede andere denkbare Verbindung. Und ein Schlagwort, welches als Schlüsselbegriff für Chiron immer wieder ins Auge springt lautet › gemeinsame Grundlage ‹. Wenn man ein Horoskop für den Augenblick der ersten Begegnung erstellt, dann ist es tatsächlich so, daß die Chiron–Aspekte sehr detailliert die gemeinsame Basis der Beziehung beschreiben — die Gründe für das Zusammenkommen, aber auch das, was die Beteiligten bei sich als gemeinsam sehen. Wenn man diese Aspekte auf die beiden Radix–Horoskope überträgt, dann kann man den gemeinsamen Hintergrund noch deutlicher definieren und gewinnt Einsicht in die Punkte, an denen die gegenseitigen Erwartungen auseinandergehen. Sehr oft kommen Menschen, die spüren, daß ihre Begegnung › schicksalhaft ‹ war, unter einem wichtigen Chiron–Transit in ihrem Radix–Horoskop zusammen.

Partnervergleich

Als ich damit anfing Horoskope zu vergleichen, weil ich nach gegenseitigen Chiron–Aspekten suchte, erwartete ich wenig Erfolg. Ebenso wenig vermutete ich, daß die Partnerschaft, wenn ich überhaupt fündig werden würde, irgendetwas Extremes oder Einmaliges, was sie in irgendeiner Weise von anderen Beziehungen abhebt, an sich haben könnte. Nun, die Untersuchung hat ergeben, daß ich mit der ersten Annahme völlig falsch lag, und daß meine zweite Vermutung auch ziemlich fraglich war.

Ich war völlig überrascht, wie häufig Chiron–Aspekte beim Partnervergleich auftauchen. Was nun die Grundstruktur solcher von Chiron geprägter Beziehungen anbelangt, so scheinen sie, wenigstens oberflächlich betrachtet, weniger Anfangsschwierigkeiten zu haben. Schaut man jedoch tiefer, dann sieht man, daß es sehr wohl eine Differenz gibt, nämlich die Problematik, wie sich die Betroffenen gegenseitig öffnen. Schauen wir uns ein paar Aspekte an, damit dies deutlicher wird.

Konjunktion

Wenn dein Radix–Chiron in Konjunktion zu einem Planeten deines Partners steht, dann kommt es automatisch zu einer meist gegenseitigen Anziehung. Die Art der Attraktivität entspricht dem aspektierten Planeten. Diese Anziehungskraft ist aber nicht sexueller Natur, außer der andere Planet wäre Mars oder Venus. Die Anziehung richtet sich vielmehr auf jemanden, der auf gleichen Pfaden wandert — eine irgendwie verwandte Seele. Was als nächstes passiert (und das ist der kritische Punkt), hängt zum überwiegenden Teil von der Art der Beziehung ab, aber mehr noch von dem Selbstbild der Personen. Sind beide Beteiligten sehr ausgeglichen, dann kann sich eine vorzügliche Beziehung entwickeln. Man hat das Gefühl, in dem von dem Planeten repräsentierten Lebensbereich völlig gleichberechtigt zu sein. Wie man sich vorstellen kann, ist dies sehr günstig für Liebesaffären. Es kann sich aber auch in Lehrer/Schüler und Eltern/Kind Beziehungen sehr positiv auswirken, weil man sich frei fühlt, gegenseitig voneinander zu lernen. Wenn aber einer von beiden in dem oben angesprochenen Lebensbereich ernsthafte Schwächen verspürt oder hilfsbedürftig ist, dann wendet er sich an den anderen als Lehrer oder Führer und sucht dessen › höhere Weisheit ‹. Es ist leicht einzusehen, daß dies bei einer Beratung oder bei einer Eltern/Kind Beziehung von Vorteil und gewinnbringend ist — aber bei einer Ehe liegen darin sehr viele möglichen Gefahren. Läßt man sich genügend Zeit, dann tendiert der Chiron–Aspekt dazu, die Differenzen auszugleichen und die beiden Menschen haben eine reelle Chance, zu einem Gefühl von Gleichberechtigung zu kommen. Aber bis dies eintritt ist es sehr leicht möglich, daß man Ressentiments genau gegen die Person aufbaut, bei der man Hilfe sucht. Einerlei um was für eine Beziehung es sich handelt, ein Punkt trifft immer zu: der Planet des anderen Horoskopes, welcher den Aspekt mit Chiron hat, scheint nicht in der Lage zu sein, sich zur Wehr zu setzen, und sich gegen die Chiron–Person zu behaupten. Für die Chiron-Person ist es so als ob die Barrikaden des Partners einstürzen, oder es bereitet ihr wenigstens kaum Schwierigkeiten durch die Mauern des anderen zu gelangen. Je nachdem, wie stark die Mauern anfänglich waren und wieviel Sicherheit sich der Betreffende davon versprach, kann diese Offenheit als sehr faszinierend oder äußerst erschreckend empfunden werden. Vor allem deshalb, weil die Person, welche von dem Chiron des anderen aspektiert wird, keine neuen Wege finden kann, um den Planet zu schützen.

Quadrat

Hier haben wir etwas Ähnliches wie bei der Konjunktion, aber mit einem Unterschied. Es gibt eine Anziehung, aber gleichzeitig auch eine Abneigung. Dieses gemischte Gefühl ist bei der Chiron–Person stärker als beim anderen. Der Chiron–Person gelingt es auch zuerst, die Verteidigungsmechanismen des Partners zu durchdringen, was häufig einen heimlichen Groll verursacht. Derjenige, der den Aspekt vom Chiron des anderen empfängt, kann zwar neue Maßnahmen zur Verteidigung entwickeln, aber dasselbe Spiel beginnt dann von vorne. Deshalb ist es so, daß dieser Aspekt eine Beziehung in ein Schlachtfeld verwandelt, wenn beide Partner unsicher sind. Nichtsdestoweniger wachsen dadurch beide gleichermaßen. Günstig ist, daß sich allmählich ein Bewußtsein über das, was eigentlich vor sich geht herausbildet, und die beiden erreichen eine Beziehung mit großem Wachstumspotential. Sie nehmen den Prozeß des schnellen Errichtens von Mauern wahr und betrachten dies als eine Chance, die gegenseitigen Unsicherheiten kennenzulernen. Dadurch fühlen sie sich keineswegs bedroht, sondern sehen hierin einen Weg, den Schutt zu beseitigen. Das Ergebnis ist gegenseitiges Wachstum und zunehmende Nähe.

Opposition

Bei der Opposition findet zwischen beiden Planeten ein Austausch statt. Dies kann in Krieg ausarten oder zu einer guten Partnerschaft führen. Wenn der Radix–Chiron in Opposition zu einem Planeten im Horoskop eines anderen steht, dann bekommt das Wort › Austausch ‹ eine ganz spezielle Bedeutung: jeder von beiden neigt dazu, sich Qualitäten des anderen anzueignen. Nehmen wir zum Beispiel einmal an, daß Chiron in Opposition zum Mars eines anderen steht. Die Chiron–Person wird aggressiver, aktiver und fühlt sich irgendwie körperlich zu dem anderen hingezogen. Die Mars–Person wird individualistischer, mehr zu einem Einzelgänger und wird stärker gewillt sein, sich zu öffnen und Neues zu versuchen. Dies kann sehr fruchtbar sein, vor allem wenn jeder noch in dem Bereich wachsen muß, der von dem sich in Opposition befindlichen Planeten beherrscht wird. Wenn der Mars–Mensch seine Gleise verlassen muß oder wenn die Chiron–Person mehr Selbstbehauptung braucht, dann kann diese Beziehung wirklich fantastisch sein. Wenn sich jemand jedoch vor den Qualitäten des anderen fürchtet oder in diesen Bereichen schon aktiv genug ist, dann kann diese Partnerschaft für beide Parteien äußerst unbequem werden.

Andere Aspekte

Trigone und Sextile bedeuten beim Partnervergleich eine ähnliche Anziehung, allerdings wirken sie mit weit weniger Intensität als die harten Aspekte. Die Abwehrhaltung droht zwar auch in gewisser Weise, aber nicht in einem solch drastischen Ausmaß. Es sind gute Aspekte, wenn noch weitere positive Winkel zwischen den Horoskopen vorliegen, aber für sich allein gesehen sind sie nicht besonders signifikant. Alle übrigen Aspekte habe ich bislang noch kaum untersucht, und kann deshalb im Moment auch noch nicht viel dazu sagen.

Composite

Robert Hand sagt hierzu: »Das Composit–Horoskop entsteht dadurch, daß die Halbsumme zwischen den beiden jeweils gleichen Planeten und anderen sensitiven Punkten ermittelt wird, das heißt, zwischen der Sonne des einen und der Sonne des anderen, dem Mond des einen und des anderen usw. Die Composit–Sonne entspricht der Halbsumme der beiden Sonnen...«.

Ein solches Horoskop gibt meiner Meinung nach eine extrem gute Erklärung für die Struktur einer Beziehung, indem es beschreibt, wie die zwei Menschen als Paar und nicht nur als zwei Individuen miteinander zurechtkommen. Es zeigt, welche Kräfte im zwischenmenschlichen Bereich vorherrschen und woran sich unser Verhalten orientiert. Ich habe sogar erlebt, daß zwei Menschen mit einer schwierigen Synastrie, aber einem großartigen Composit über sehr viele Jahre hinweg miteinander verbunden waren.

Es dauerte jedoch eine Weile, bevor ich damit anfing, Chiron in Composite zu berücksichtigen. Aber die Ergebnisse waren so verblüffend, daß ich meine, sie hier mitteilen zu müssen.

Zunächst repräsentiert die Feldposition Chirons einen Lebensbereich, in dem die zwei Partner unglaublich viel gemeinsam haben. Es ist auch das Gebiet, in welchem sie umso mehr zu teilen haben, je länger sie zusammen bleiben. Steht der Composit–Chiron beispielspielsweise im 11. Feld, dann können sie eine Reihe guter gemeinsamer Freunde haben. Wenn sie tiefer in ihre Partnerschaft hineinwachsen, dann können es bestimmte Freunde sein, mit denen sie die Hauptquellen ihrer gemeinsamen Freude teilen. Außerdem repräsentiert die Felderposition die Lösung von Spannungen. In diesen Bereich können die beiden eintreten, um sich über ihre Probleme zu erheben und Befreiung von Frustration suchen. Es gibt fast immer wenigstens eine Person für dieses Feld, an welche sich das Paar um Rat und Hilfe wenden kann. Zum Beispiel kann Chiron im 8. Feld den Partnern einen guten Freund zur Seite stellen, der Psychiater ist, oder vielleicht eine Hexe, deren Ratschlägen beide trauen. Wenn die Beziehung zu zerbrechen beginnt, dann symbolisiert die Felderposition Chirons eine Thematik, die sie länger als alles andere zusammenhält. Für unser Paar mit Chiron im 8. Feld kann schon alles am Zerfallen sein, aber es kann seine sexuelle Beziehung noch immer sehr erfüllend finden. Das Feld, in dem der Composit–Chiron steht, kennzeichnet darüberhinaus einen Lebensbereich, in welchem das Paar sich nicht scheut, Dinge anders anzugehen und zu experimentieren. Hier üben beide Individuen auch einen großen Einfluß auf die Ausgestaltung der gegenseitigen Richlinien aus. Der Composit–Chiron im 10. Feld verweist beispielsweise auf ein Paar, das sich gegenseitig hilft herauszuknobeln, was jeder für seine Laufbahn tun möchte und sich dann wechselseitig hilft, die Tore zu öffnen, um in den gewählten Beruf einzutreten. Sie können sich sogar zu einem größeren Schritt entscheiden und zusammen ein neues Arbeitsfeld übernehmen, an das sie vor ihrer Beziehung nicht im geringsten gedacht hatten.

Die Aspekte der Composit–Planeten zum Composit–Chiron stehen für die Themen in der Beziehung, die sich immer in Veränderung befinden — die Dinge also, die keine netten, ausgeglichenen und sicheren Ausdrucksmöglichkeiten finden. Dadurch daß diese Menschen in erster Linie in der Beziehung leben, öffnen sie sich für mögliches Wachstum, und die Chiron–Aspekte verkörpern all das, was wachsen muß und nicht unverändert bleiben darf. Diese Winkel können sehr positiv sein, sobald dem Paar diese Notwendigkeit zu wachsen bewußt ist, und wenn die Liebe oder Freundschaft zwischen beiden echt und stark ist. Wenn die beiden Partner aber mit der Veränderung nicht umgehen können oder die Unabdingbarkeit des Wachstums nicht akzeptieren, dann können diese Aspekte die Trennung in die Wege leiten. Die harten Winkel verweisen selbstverständlich auf die wichtigsten Punkte, die einer Umformung bedürfen. Nehmen wir zum Beispiel den Composit–Chiron im Quadrat zum Composit–Neptun. Hier haben wir ein Paar, dessen gemeinsame Träume verändert werden müssen, damit sie wieder auf den Boden der Realität kommen. Sieht das Paar dies ein, dann kann es viele seiner Träume verwirklichen. Wenn nicht, dann tritt ein Ereignis nach dem anderen in Erscheinung, um den Partnern ihre Suche nach Glück zu verderben. Die Nebenaspekte sind weniger dramatisch, aber nichtsdestotrotz wirksam. Ansonsten repräsentieren die Aspekte des Composit–Chirons auch ein Charakteristikum der Beziehung, das in irgendeiner Form von der › Norm ‹ abweicht, wobei dies nicht nur einfach aus Selbstzweck geschieht. Es handelt sich vielmehr um den Lebensbereich, in welchem das Paar einfach eigene Verhaltensweisen entwickelt hat. Andere können dies mißbilligen, aber beide Partner kümmert sich nicht um deren Urteil. Wenn es sich bei dem Composit–Aspekt um eine Konjunktion handelt, dann haben sie das Gefühl, als ob sie sich schon seit Jahren kennen würden (selbst schon bei der ersten Begegnung).

Fassen wir zusammen, wie man Chiron am besten für die Untersuchung von Partnerschaften verwendet:

1. Wenn der genaue Zeitpunkt bekannt ist, dann betrachte das Horoskop der ersten Begegnung. Es kann eine Menge darüber aussagen, warum die beiden eine Beziehung begonnen haben.

2. Untersuche die Aspekte von Chiron auf die entscheidenden Punkte des anderen Geburtsbildes. In dem Aspektvergleich sieht man, wie offen die beiden Menschen zueinander sind.

3. Erstelle ein Composit um herauszufinden, wo das Paar am meisten wachsen muß.

Allerlei Kleinigkeiten

Es gibt noch zahlreiche andere Methoden, bei denen ich eine Signifikanz von Chiron feststellen konnte, aber bislang noch keine tiefergehende Forschungen angestellt habe. In diesem Kapitel möchte ich ein paar dieser Themen anschneiden und kurz darauf eingehen.

Chiron und Geo – Horoskope

Jim Lewis leistete bahnbrechende Arbeit zur Entwicklung der sogenannten ASTRO*CARTO*GRAPHY, bei der das Geburtshoroskop auf eine Weltkarte gezeichnet wird, um zu zeigen, in welchen Zonen die Radix – Planeten an den Spitzen der Eckfelder stehen. Die Linien auf der Karte bezeichnen demnach Gebiete, die zur Geburtszeit unter starkem Einfluß eines Planeten standen. Seine Forschung ergab, daß die Erfahrungen, die man an diesen Orten macht, sich direkt mit der Planetenlinie verknüpfen, welche die Zone überkreuzt. Wenn ich Astrokarten mit Chiron sah, sprangen zahlreiche Faktoren ins Auge. Zunächst geht die Chiron – Linie durch die Länder, welche der Geborene schon immer besuchen wollte. Zweitens kommt es zu etlichen Ereignissen im Leben des Betreffenden, die irgendwie in Bezug zu diesen Ländern standen, selbst wenn die Person diese Orte niemals besucht hat. Meine erste große Liebe erzählte mir zum Beispiel, daß sie zwar in USA geboren wurde, aber die ersten zehn Jahre ihres Lebens in Frankreich verbrachte. Sie hat mir nicht nur eine größere Hinwendung zum Leben gebracht, sondern ich lernte auch Französisch, um mich intensiver mit ihr unterhalten zu können. Meine Chiron – Linie geht durch Frankreich, sogar genau durch den Ort, an dem sie lebte. Ihr Aszendent steht in exakter Opposition zu meinem Radix – Chiron. Ein anderes Beispiel: Meine Linie Chirons liegt auch über den Philippinen. In meiner Jugend suchte ich eine Brieffreundschaft und der Computer wählte mir jemand von diesen Inseln aus. Wir wurden sehr gute Freunde, schrieben uns über viele Jahre hinweg und begegneten uns sogar, nachdem sie in die Staaten umgezogen war.

Bei einem wirklichen Umzugshorosop, also einem Geburtsbild, welches auf die Koordinaten des neuen Wohnorts berechnet wurde, kennzeichnet Chiron einen Bereich voller neuer Erfahrungen und repräsentiert immer die

Dinge, die größere Veränderungen bedeuten, wenn man länger dort lebt. Je weiter das neue Chiron-Feld vom ursprünglichen Feld im Grundhoroskop weg ist, umso ausgefallener und interessanter werden die neuen Erfahrungen sein. Will man seinem Leben wirklich eine Generalüberholung verpassen, dann sollte man entweder an einen Ort ziehen, an dem Chiron genau gegenüber seines Radix-Feldes liegt, oder wo er auf die Spitze eines Eckfeldes fällt.

Solare

Wenn ich auf meine Solare zurückblicke, dann komme ich zu dieser Schlußfolgerung: in jedem Jahr meines Lebens gab es wenigstens zwei herausragende Ereignisse, an die ich mich erinnern kann.

Eines dieser Geschehnisse ist immer dergestalt, daß es zur Feldstellung Chirons im Solar-Horoskop paßt. Ich würde sagen, daß die Position Chirons im Solar anzeigt, wo sich neue Möglichkeiten auftun können und wo neue Aufgaben zu erwarten sind. Aber selbstverständlich gibt es auch noch den freien Willen, das heißt man kann sich die Chancen auch verderben. Die besonders interessanten Jahre scheinen diejenigen zu sein, in denen Chiron kurz davor steht, in ein anderes Feld zu wechseln. Die neu eintretenden Umstände sind direkt mit der Thematik des Feldes verwandt, vor dem sich Chiron befindet.

Stundenastrologie

Hier ist mir aufgefallen, daß es in dem Feld, welches Chiron besetzt, für den Fragesteller etwas wichtiges gibt, das über die unmittelbare Frage hinausgeht. Oft wird sich dort eine Türe öffnen, welche die Fragestellung irrelevant macht und das Problem beseitigt. Dies ist besonders dann der Fall, wenn Chiron in einem Feld steht, das direkt mit der Frage verknüpft ist. Manchmal spielt sich dies auch auf einer anderen Ebene ab — Chiron sagt, daß man ein wenig weiter gehen muß; man befindet sich auf der richtigen Fährte, muß die Frage aber etwas ausdehnen. Und wenn Chiron im Stunden-Horoskop an der Spitze des Feldes steht, das mit der Frage zu tun hat, dann kann man sicher sein, daß sehr bald etwas durchbrechen wird. Nehmen wir als Beispiel einen Fragesteller, der wissen möchte, ob ein vermißter Schoßhund wieder zurückkehrt. Ich betrachte das 6. Feld als jenes, das mit Haustieren zu tun hat. Wie auch immer, wenn Chiron nun im 5. Feld, aber an der Spitze des sechsten steht, dann kann man sichergehen, daß bald etwas passieren wird — entweder der Ausreißer kehrt nach Hause zurück oder man erhält die Information, warum er ausblieb.

Ereignisastrologie

Hiermit ist ein Horoskope gemeint, das vor einem geplanten Ereignis erstellt wird, und mithilfe dessen man sich astrologische Einflüsse zunutze machen möchte. Vorläufige Beobachtungen deuten auf folgendes hin: wo auch immer Chiron bei einem Ereignishoroskop steht, man sollte in Rechnung stellen, daß hier die Möglichkeiten für völlig neue Situationen plaziert sind.

Chiron im 3. Feld

Als ich 1983 mein erstes Buch über Chiron schrieb, beobachtete ich etwas bei den Menschen mit Chiron im 3. Feld, das mich stutzig machte. Das 3. Feld ist traditionell das Feld des logischen Verstandes. Ich schrieb damals: »Tatsächlich ist ihr Verstand nicht nur auf die Logik eingegrenzt, sondern eng mit ihren Emotionen und Instinkten verbunden und ihre Gefühle lassen sich sehr leicht erregen«. Mir war aber nicht einleuchtend, warum dies so war.

Dann erschien in *The Networker* ein Artikel von Rick Klimczak mit dem Titel »Neubewertung des Dritten Hauses«, der alles erhellte. Ich möchte hier (mit Ricks Einverständnis) einige Teile zitieren, vielleicht wird es dann auch dem Leser klarer.

»Ich möchte vorschlagen, daß wir dem 3. Haus zwei weitere Stichworte zuschreiben: Dualitäten und Dilemma. Dualitäten sollten meiner Meinung nach mit hinzugefügt werden, weil Aufspaltung eine notwendige und vorauszusetzende Komponente jeder Wahrnehmung ist. ... Der Begriff Dilemma sollte aus zwei Gründen einbezogen werden. Zunächst haben Astrologen oft davon gesprochen, daß das 3. Haus eine Zone zur Problembewältigung ist, weil wir hier zuerst lernen, mit der Umgebung fertig zu werden. Auf einer externalisierten Ebene soll das 3. Haus auch die › Fähigkeiten, Mittel und Bequemlichkeiten ‹ repräsentieren, die wir entfalten, um mit unseren Dilemmas umzugehen. ... Der andere Grund, um das Dilemma dem 3. Haus zuzuordnen, wäre der internalisierte, innerpsychische Streitpunkt, wie man mit seinen Wahrnehmungskategorien lebt. Wir können lernen, bestimmte Unterscheidungen zwischen innen und außen zu treffen, und dies kann in nahezu allen Situationen eine gut funktionierende Dualität sein, aber alle unsere grundsätzlichen Dualitäten sind immer Gegenstand weiterer Herausforderungen durch die Umgebung. ... In Wirklichkeit befinden sich alle unsere Grunddefinitionen, vor allem die von Innen und Außen in ständigem Fluß und unterliegen einem andauernden Prozeß der Neudefinierung...«. Dann stellt er einige Analogien zwischen Dane Rudhyars Beschreibung des 3. Feldes und gewissen Auffassungen von Fritz Perls bzw. der Gestalttherapie fest. Danach fährt er fort: »Diese Vorstellung der Kontaktgrenze ist besonders fruchtbar, um herauszubekommen, was das 3. Haus tatsächlich ist... (Das 3. Haus) ist der Bereich, wo wir mit der Umwelt entweder Kontakt aufnehmen oder uns zurückziehen.... Planeten im 3. Haus (oder Planeten, welche im entsprechenden Zeichen herrschen) haben sehr viel mit der Manier und dem Ausmaß unserer Kontaktaufnahme zu tun. Diese Planeten können auch abbilden, was und wie wir der Umgebung etwas vorenthalten, wie wir uns distanzieren und Kontakt vermeiden... Der Rhythmus von Kontaktaufnahme und Rückzug muß nicht mit unseren realen Anforderungen an die Umgebung zusammenfallen. Dies zeigt sich besonders deutlich in den Verhaltensmustern von Neurotikern... Ich möchte Fritz Perls zu diesem Sachverhalt zitieren: › Alle neurotischen Störungen entstehen aus der Unfähigkeit des Individuums heraus, ein angemessenes Gleichgewicht zwischen sich und dem Rest der Welt zu finden und aufrecht zu erhalten. Eine gemeinsames Faktum aller dieser Störungen ist, daß bei der Neurose das Gefühl entsteht, daß sich die sozialen Grenzen zu sehr auf das Individuum ausweiten ‹. Somit ist allen neurotischen Abwehrmechanismen generell ein problematisches Mißverhältnis darüber zueigen, was vom Individuum an der Kontaktgrenze als innen und außen wahrgenommen wird. Die Gestaltpsychologie nennt vier Grundmechanismen zur Abwehr: Introjektion (Einbeziehungen von Vorstellungen der Außenwelt in die Psyche); Projektion (wenn man Inneres auf jemand oder etwas nach außen verlagert); Konfluenz (eine völlige Fusion oder Vermischung von innen und außen); Rückspiegelung (wenn etwas, das ursprünglich für das › Außen ‹ intendiert war, neu adressiert wird, und danach auf das › Innere ‹ abzielt)«. Weiter beschreibt er, daß diese Abwehrmechanismen zwar nicht nur zum 3. Feld gehören, aber »das 3. Haus repräsentiert die Grundmuster der Anpassung an das Milieu, die Grundannahmen der Wahrnehmung, aus denen heraus man entweder ein mehr oder weniger gesundes Verhältnis zur Umgebung oder ein neurotisches Ungleichgewicht durch Abwehrmechanismen entfalten kann... Die Tendenz, Projektion als ein sicheres Ventil anzusehen hat viel mit dem 3. Haus zu tun. .. Ein Planet im 3. Haus kann (ähnlich wie der Abwehrmechanismus des Neurotikers) so funktionieren, daß er ständig die Umgebung kontrolliert, um zu prüfen, ob für die Perspektiven und/oder künftigen Selbst – Konzepte eine potentielle Gefahr vorliegt«.

Es wurde schon früher beobachtet, daß gerade die Einteilung des Kreises in Felderspitzen eine Form von saturnaler Strukturierung der eigenen Wirklichkeit darstellt. Chiron verkörpert das Überwinden des Saturnalen — manchmal schon soweit, als ob gar keine Struktur mehr existieren würde. Folglich geht Chiron sogar über die Begrenzungen des Hauses selbst hinaus. Rick weist darauf hin, daß das 3. Feld die Qualität hat, die Unterscheidung zwischen innen und außen — Selbst und Umgebung — zu lernen. Chiron überschreitet selbst diese Grenze und macht die Entscheidung über diese

Aufteilung sehr stark vom Augenblick abhängig; man kann sich in diesem Moment dafür entscheiden, daß es keine Spaltung gibt, und im nächsten Moment kann man sie als sehr real sehen. Noch eines zu dem Konzept der Abwehrmechanismen: wenn man hinsichtlich des Verhältnisses von Selbst und Umgebung mit einem absolut einzelgängerischen Blickwinkel aufgewachsen ist, dann sind auch die Methoden, wie man damit umgeht, die eines Einzelgängers. Anstatt eines klaren und deutlichen Standpunktes zu innen versus außen, oder gegenüber den neurotischen Ansätzen, die von Perls aufgezählt wurden, entwickelt man seinen eigenen Stil, der diese Aufspaltung von innen und außen nur dann einbezieht, wenn es einem paßt. Folglich ist »ihr Verstand nicht auf die Logik eingegrenzt, sondern eng mit ihren Emotionen verbunden«.

Chirons andere Seite: Computer und Karriere

Eine Reihe von Grundthemen taucht oft auf, wenn Chiron in den Berufsfeldern steht. Einge der häufig vertretenden Berufe kann man sich schon ausdenken: Heiler, Therapeut, Kräuterspezialist, Lehrer oder sogar religiöser Führer. Was mich jedoch sehr überraschte waren Berufe im Bereich der Computertechnik.

Dies brachte mich zum Nachdenken, und ich begann damit, wichtige Daten aus der Geschichte des Computers zurückzuverfolgen. Erstaunlicherweise war bei jedem Ereignis in der Entwicklungsgeschichte des Computers ein Chiron–Aspekt oder eine bemerkenswerte orbitale Position festzustellen. Dadurch sah ich mich veranlaßt, mit Dr. John Brainerd, Professor an der Universität von Pennsylvania zu reden, der die Aufsicht über das ENIAC Projekt innehatte, bei dem der erste digitale Großrechner gebaut wurde. Ich habe ihn nicht nur telephonisch interviewen können, sondern er war auch so freundlich, mir Unterlagen über das Projekt zu schicken. Mit diesem Material konnte ich eine Chiron/Computer–Geschichte zusammenstellen. Hier die wichtigsten Daten:

1895. Chiron erreicht sein Perihel. Ein Vorläufer des Computers wird geboren, der es der U.S. Regierung ermöglicht, in wenigen Monaten eine Datenbank zu erstellen, die normalerweise zehn Jahre erfordert hätte. Der Erfinder gründet eine Firma, die am 15. Juni 1911 im Bundesstaat New York eingetragen wird. Chiron ist zu dem Zeitpunkt stationär auf 7° 01' Fische und wird rückläufig, Quinkunx Venus und Quinkunx Mittlerer Mondknoten, Yod–Figurine. Die Firma wird in *International Business Machines, Inc.* umbenannt und am 15. Februar 1924 im Bundesstaat New York eingetragen. Chiron steht auf 17° 34' Widder mit einem Trigon auf die Jupiter/Neptun–Halbsumme und einem annähernden Sextil zum Mond.

2. April 1943. Chiron Konjunktion Nördlicher Mondknoten. Dr. Brainerd bereitet einen Bericht vor, der das ENIAC Projekt in die Wege leitet.

31. Mai 1943. Chiron Konjunktion Venus und Jupiter, Trigon Uranus. Die Arbeit an dem Projekt beginnt.

November 1945. Chiron Quadrat Saturn und wenige Monate nach seinem Perihel. Ausführungsbefehl für ENIAC (offizielle Bekanntgabe durch das Kriegsministerium am 14. Februar 1946).

1970. Chiron erreicht sein Aphel. Kurz danach wird der erste Mikroprozessor gebaut.

1977. Chiron wird entdeckt. Die Firma Tandy beginnt mit der Produktion des TRS-80, was zu einer Verkaufsförderung und einem expansiven Wachstum des Heimcomputer-Marktes führt.

Aber warum Chiron und Computer? Bisher sagte man doch, Uranus sei der Herrscher über Computer. Hier meine Schlußfolgerungen: Chirons Verbindung mit Computern ist wenigstens zweiteilig. Zum einen scheint er in Augenblicken größerer Durchbrüche, welche das Tempo oder sogar die Marschroute der Industrie verändern, aktiv zu sein. Einen weiteren Zusammenhang sehe ich aufgrund des Schlüsselwortes *Qualifier* (vgl. Seite 14). Um diesen zweiten Gedanken näher zu erläutern, möchte ich ein wenig vom Thema abschweifen. Wilhelm Conrad Röntgen hatte einen starken Chiron in seinem Geburtshoroskop. Er entdeckte die Röntgenstrahlen um die Zeit seiner Chiron-Wiederkehr herum und in dem Jahr, als Chiron im Perihel stand. Es waren die feinsten Strahlen, die bis dahin entdeckt worden waren und sie erforderten eine Neudefinition der bisherigen Theorie der Strahlen und der damaligen Vorstellung von der Wellenlänge. Seine Entdeckung führte außerdem auch zu großen technologischen Fortschritten. Die X-Strahlen und die elektrischen Ströme, die man zum Funktionieren eines Computers braucht sind jeweils äußerst winzig, aber stark wirksam. Früher wurde beides der Regentschaft des Uranus unterstellt. Dies ist vermutlich korrekt. Ich meine, daß Chiron die Interaktion dieser Strahlen (Energien) mit der Materie und die Folgeergebnisse regiert. Mit den Röntgenstrahlen können wir durch Mauern (Saturn) hindurchschauen, ohne sie zu zerstören. (Das einzige, was sie tatsächlich nicht durchdringen können, ist Blei und schwerere Metalle). Elektrizität drückt einen winzig kleinen Schalter — der inzwischen so klein ist, daß wir ihn nur noch unter dem Mikroskop sehen können — und dies ermöglicht es uns, eine enorme Datenfülle in rasender Geschwindigkeit zu erstellen, was Saturn null und nichtig macht. Uranus mag zwar über die Strahlen herrschen, aber Chiron steht für das Zusammentreffen von Mikro und Makro, für die Begegnung von Energie und Materie.

Im Geburtsbild bildet Chiron meiner Meinung nach all jene Berufslaufbahnen ab, die auf der Verwendung von etwas Winzigem zur Herbeiführung großer Veränderung basieren. Selbstverständlich ist er auch in die Horoskope von Computer–Technikern und Röntgenstrahlen–Spezialisten mit einbezogen. Darüberhinaus ist er auch bei den Horoskopen von Ärzten wirksam, die dadurch heilen, daß sie kleinste Mengen von Pflanzenmedizin (oder synthetische Varianten), Vitaminen und Spurenelementen verabreichen. Er ist aktiv in den Horoskopen jener Psychologen, die eine Methode anwenden, bei der wenige Worte (im geeigneten Kontext) den therapeutischen Erfolg herbeiführen. Dasselbe trifft auch für die Geburtsbilder religiöser Führer zu, die einen intensiven Glauben demonstrieren.

Ich vermute, daß es auf das folgende hinausläuft: Wenn man Chiron für die Analyse von Berufslaufbahnen verwendet, sollte man zuerst nach einem Gebiet suchen, in welchem der Geborene mit der Kraft von etwas extrem Kleinen umgeht, um seiner Umwelt Veränderungen zu bringen.

Das erinnert mich an Jesus, der sagte, daß man mit einem Glauben so groß wie ein Senfkorn Berge versetzen kann.

Der Fisch im Netz

Ich habe dieses Buch mit einigen Parallelen zwischen Chiron und Christus eingeleitet, und ich will mit ein paar weiteren abschließen.

Christus war ein Mensch dieser Erde, aber nicht von dieser Welt. Chiron befindet sich in unserem Sonnensystem, aber ursprünglich kommt er aus einem anderen, weit entfernten Teil unseres Universums. Christus sagte, man solle Gott mit ganzem Herzen lieben. Von Chiron heißt es in den Mythen, er habe gesagt, man solle Zeus über alles lieben.

Kamen vielleicht beide von weit her in unsere Welt, um uns die gleiche Botschaft zu bringen? Wenn dem so ist, dann möchte ich eine Frage aufwerfen. Könnten die Chiron–Mythen ein Prophezeiung der Ankunft Christi sein? Und wenn ja, was bedeutet dies für uns jetzt, da wir uns des Planeten Chiron bewußt sind?

Die frühen Christen machten ein Monogramm mit den ersten zwei griechischen Buchstaben vom Namen Christi. Diese Buchstaben *Chi* und Rho klingen beinahe wie Chiron.

Einige weitere Gesichtspunkte aus der Mythologie Chirons haben Ähnlichkeit mit anderen religiösen Gestalten. Chiron scheint dazu bestimmt zu sein, uns auf die Ganzwerdung hinzuführen. Könnte es vielleicht sein, daß seine Entdeckung jetzt, da wir uns auf das Wassermannzeitalter zubewegen, ein Zeichen für die Vereinigung aller Religionen zu einer einzigen Wahrheit ist?

Dies sind die Fragen, die sich mir als Christ und chironischer Astrologe stellen.

Der Schlüssel zur Welt

Ein Grundproblem beim Umgang mit Staatshoroskopen liegt in der jeweiligen Entscheidung, welche Gründungsdaten verwendet werden sollen. Bei vielen Ländern gibt es zwei, drei oder sogar noch mehr Horoskope. Manche Nationen existieren schon so lange, daß keine Möglichkeit besteht, sich auf ein bestimmtes Gründungshoroskop festzulegen. Manche Länder sind keine echten Nationen, sondern bloß Gebiete, die erst in jüngster Vergangenheit durch willkürliche politische Aktionen der Kolonialmächte festgelegt wurden.

Ich habe einige Horoskope ausgewählt, mit denen ich bislang gut arbeiten konnte, und es steht jedem frei, nicht mit meiner Auswahl einverstanden zu sein.

Werfen wir zunächst einen Blick auf das Horoskop der Vereinigten Staaten von Amerika. Ich plädiere für das Datum mit dem Zwillinge-Aszendent: 4. Juli 1776, 2:14:45 Uhr LMT, Philadelphia, Pennsylvania, Länge 75° W 08', Breite 39° N 57'.

Chirons Position hat mich von der Richtigkeit dieses Horoskopes überzeugt. Er besetzt das 11. Feld auf 20° 09' Widder, Sextil Mars (20° 58' Zwillinge), Quadrat Merkur (24° 28' Krebs) und Sextil Mond (18° 11' Wassermann). Zunächst sagt seine Felderposition recht viel über die Wünsche und Hoffnungen der USA aus: dem Bedürfnis, seinen eigenen Weg zu verfolgen und ein Schmelztiegel für die unterschiedlichsten Kulturen zu werden. Das Quadrat zu Merkur verstärkt die Tendenz, die eigene Meinung zu sagen, ohne Rücksicht, wer dadurch verärgert werden könnte. Es trägt weiterhin zu der allgemeinen Rastlosigkeit der Bevölkerung bei. Das Sextil zu Mars betont den (aggressiven) Pioniergeist, und den Wunsch, bislang unerprobte Methoden zu versuchen. Das Sextil vom Mond (das in den anderen vorgeschlagenen Gründungshoroskopen nicht auftaucht) dient zur Verstärkung der uranischen und wassermännischen Züge, die dem Land nur dann Sicherheit verleihen, wenn es meint, einer höheren Bestimmung zu folgen.

Wenden wir uns nun dem Horoskop für die Sowjetunion zu. Hier bevorzuge ich den 7. November 1917, 12:59 Uhr LMT, Leningrad, Länge 30° O 15', Breite 59° N 55'.

Chiron fällt in das zweite Haus und steht auf 25° R 48' Fische, und der einzige exakte Winkel ist ein Quincunx vom Mond auf 22° 36' Löwe. Menschen mit Chiron im 2. Feld sind oft von der Macht (als solcher) fasziniert und müssen wichtige Lektionen über Geld und Besitz lernen. Sie haben ein völlig eigenes Wertesystem. Die unterentwickelten Typen fühlen sich in Beziehungen unsicher, außer wenn sie die Kontrolle an sich reißen. Der Quincunx zum Mond hier setzt für das Volk diesen Akzent und die UdSSR ist ständig mit Lehren über die menschlichen Grundbedürfnisse konfrontiert. Meiner Meinung nach verstärkt dieser Winkel auch die Neigung der Regierung, immer straff die Sicherheit aufrechtzuerhalten und Distanz zwischen sich und dem Volk zu bewahren.

Burma ist ein sehr viel unbekannteres Land. Was mir an dem Horoskop dieses Landes gefällt ist die Tatsache, daß die exakte Zeit für die Unabhängigkeit von der britischen Herrschaft von burmesischen Astrologen ausgewählt wurde. Sie verwenden ein eigenes astrologisches System, welches allen äußeren Planeten keine Rechnung trägt und umso interessanter sind daher die Chiron–Aspekte. Das auf diese Weise ausgewählte Horoskop ist auf den 4. Januar 1948 datiert, 4:20 Uhr LMT, Rangoon, Länge 16° N 45', Breite 96° O 20'. Chiron steht auf 21° 10 Skorpion, nicht nur in Konjunktion zum südlichen Mondknoten (22° 13' Skorpion), sondern auch im Quadrat zum Saturn auf 21° 50' Löwe.

Seit Burma seine Unabhängigkeit erlangt hat, war es immer mit einem chronischen Problem konfrontiert: dem Wunsch, auf altvertraute Weise fortzufahren. Es wurde jedoch von den Tatsachen dazu gezwungen, umzustrukturieren. Es befand sich auch in einem dauernden Zustand des Konflikts, sowohl innerstaatlich, als auch von außen. Inzwischen hat es eine sozialistische Regierung, alle Inder und Chinesen wurden von den Schlüsselpositionen vertrieben, und es bemüht sich um gute Beziehungen zu anderen Ländern. Zeitweise hatte sich Burma abgekapselt und sich auf isolationistische Philosophien gestützt, aber dies schuf mehr Probleme, als es löste.

Für Südafrika verwende ich zwei Horoskope. Das erste bezieht sich auf die Union von Südafrika, 30. Mai 1910, 0:00 Uhr Ortszeit, Kapstadt, Breite 33° 55', Länge 18° O 22'. Chiron steht auf 2° 42' Fische, Sextil Saturn (auf 1° 35' Stier), Quincunx Jupiter (auf 4° 37' Waage) und Quadrat Merkur (auf 0° 50' Zwillinge).

Ähnlich wie bei den USA bewirkt das Merkur–Quadrat die Neigung, seine Meinung zu sagen und bringt eine Ruhelosigkeit in die Bevölkerung. Jupiter/Chiron–Quincunx bringt wichtige Lehren über die Grundphilosophie des Landes, aber auch die Schwierigkeit, gut genug in Glaubenssysteme eindringen zu können, um sie zu verändern. Das Sextil zu Saturn konzentriert sich auf die unerschlossenen Möglichkeiten des Landes, vorausgesetzt die Machthaber können mit dem gemeinen Volk zusammenarbeiten.

Das zweite Horoskop bezieht sich auf die Republik von Südafrika, gegründet am 30. Mai 1961, 0:00 Ortszeit, Pretoria, Breite 26° S 44', Länge 28° O 12'. Chiron steht auf 6° 38' Fische, im Quadrat zur Sonne (auf 8° 16' Zwillinge), in Opposition zu Pluto (5° 35' Jungfrau) und Trigon Neptun (9° 10' Skorpion).

Es ist interessant, daß das erste Horoskop noch immer gut auf Transite und Progressionen reagiert. Bemerkenswert ist, daß das zweite Datum genau auf den Jahrestag des ersten Horoskops fällt, und daß wenig vorher die erste Wiederkehr Chirons war. Chiron steht in einem T–Quadrat, und zwar einem sehr unstabilen. Dieses T–Quadrat ist für die wachsende Zerrüttung und Gewalt verantwortlich, vor allem in jüngster Zeit, seit der transitierende Uranus im Schützen, gefolgt von Saturn die Figurine zu einem großen Quadrat vervollständigte. Es ist auch der Grund für den Versuch der Regierung, die Probleme durch Aufsplitterung zu beseitigen, indem sie 1976 die Transkei, 1977 Botswana und 1979 Venda in die ›Unabhängigkeit‹ entließ.

Das Horoskop von Saudi–Arabien wird erstellt für den Zeitpunkt der Eroberung Rijads durch Ibn Saud am 15. Januar 1902, 2:47 GMT, Länge 24° N 51', Breite 46° O 42'. Chiron fällt auf 8° 54' Steinbock, während der Aszendent auf 9° 54' Steinbock in einer schönen Konjunktion steht.

Ibn Saud war der Gründer der herrschenden Dynastie. Sein Land vertrat eine gemäßigte Position in der Ölpreispolitik und hat einen mächtigen Einfluß auf die erdölproduzierenden Länder. Saudi–Arabien spielt in der Arabischen Liga eine herausragende Rolle. Seine Zielsetzungen sind von dem Umstand gefärbt, daß Medina und Mekka, die heiligen Stätten des Islams, in Saudi–Arabien liegen. Einen Punkt dürfen wir aber nicht vergessen, auch wenn Chiron eine Konjunktion zum Aszendenten hat, er steht trotzdem im 12. Feld, was einen tiefen Glauben an die höheren Mächte des Universums verleiht. Dies erschwert es dem Land aber auch, die höheren Qualitäten von Chiron bewußt zu nutzen.

Die Europäische Gemeinschaft (EG) ist zwar kein Staat, aber sie ist doch so bedeutsam, daß ich auch einen Blick auf dieses Horoskop werfen möchte. Die Daten: 1. Januar 1958, 0:00 Uhr MEZ, Brüssel, Länge 50° N 50', Breite 4° O 21'. Chiron steht auf 14° 51' Wassermann in Konjunktion mit der Venus (auf 15° 17' Wassermann), und Anderthalbquadrat MC (auf 29° 30' Zwillinge). Das Ziel der EG ist es, die Länder wirtschaftlich zu integrieren, die soziale Entwicklung zu koordinieren, und Europa politisch zu vereinigen.

Australien hat mich schon immer interessiert. Auch hier gibt es zwei Horoskope. Die Australische Föderation trat am 1. Januar 1901 um 0:00 Ortszeit in Kraft, Melbourne, Länge 145° O 00', Breite 37° S 50'. Chiron steht auf 28° 40' Schütze, in Konjunktion mit Merkur (auf 27° 04' Schütze) und

Jupiter (25° 52' Schütze). Alle drei haben Neptun (auf 27° R 32' Zwillinge) in Opposition.

Australien verfolgte immer einen einzelgängerischen Weg in seiner Denkweise. Schon lange vor dem obigen Datum wurde Australien von Individuen bevölkert, die ihre Handlungen keinen Regeln und Strukturen unterwarfen. Australien war nämlich zunächst eine britische Strafkolonie, bevor ab 1850 die Einwanderung aus anderen Gründen zunahm.

Kommunikation und Bildung stehen im Vordergrund und werden als Grundfreiheit betrachtet. (Man sagt spöttisch, daß für jeden zweiten Bürger eine eigene Zeitung erscheint.)

Das zweite Horoskop bezieht sich auf die Eröffnung des Parlaments in Canberra am 9. Mai 1927, 1:00 GMT, Länge 149° O 08', Breite 35° S 18'. Chiron steht auf 2° 43 Stier in Konjunktiom zum MC (auf 2° 10') und zum Merkur (auf 4° 55') sowie einem Quinkunx mit Saturn (auf 5° 39' Schütze).

Hier ist der Chiron/Merkur–Einfluß sogar noch stärker und konzentriert sich auf das Weltbild des Landes. Die Außenseiter–Qualität spiegelt sich auch geographisch wider — Australien ist das einzige Land, welches sich gleichzeitig auch als Kontinent bezeichnen läßt, und es ist der einzige Kontinent, der eine Insel ist.

Ich möchte nun noch in aller Kürze die Positionen Chirons für einige andere Länder erwähnen, und es dem Leser überlassen, die Bedeutung von Chiron in diesen Horoskopen näher zu untersuchen.

Chirons Position im Jahre 1066 läßt sich nicht verbindlich festlegen, aber es gibt auch noch zwei spätere Horoskope für Großbritannien. Die Vereinigung Schottlands mit England am 1. Mai 1707 (Julianischer Kalender) um 0:00 LMT, Westminster, Breite 51° N 30, Länge 0° W 07'. Hier steht Chiron auf 9° R 32' im Steinbock mit Quincunx zum Uranus (auf 9° 21' Löwe) und im Quadrat mit Venus (auf 6° 54' Widder).

Das Vereinigte Königreich, 1. Januar 1801, 0:00 LMT, Ortsangaben wie oben. Hier fällt Chiron auf 3° 53' Schütze, Quadrat Pluto (2° 36' Fische) Trigon Jupiter (1° R 52' Löwe) und Sextil Uranus (1° R 54' Waage). Beachte die Chiron/Uranus Verbindung in beiden Horoskopen.

Das Königreich von Italien: 2. Juli 1871, 11:40 LMT, Rom Breite 41° N 55', Länge 12° O 28'. Chiron steht bei 11° Widder in einem Großen Quadrat mit der Sonne (10° Krebs), Mars (7° Waage), Saturn (6° Steinbock) und Mond (8° Steinbock).

Die Republik Italien: 10 Juni 1946, 18:00 MEZ, Ortsangaben wie oben. Chiron steht auf 16° Waage in Konjunktion mit Jupiter (17° Waage).

Von Japan gibt es viele verschiedene Horoskope, aber meiner Meinung nach eignet sich das Datum für die Wiedereinrichtung der Souveränität am besten: 28. April 1952, 0:00 Ortszeit, Tokio, Breite 35° N 45', Länge 139° O 45'. Chiron steht auf 2°R 27' Steinbock.

Bevor ich dieses Kapitel abschließe, möchte ich Mundanhoroskope noch aus einem anderen Blickwinkel heraus betrachten. Ich werde einige Horoskope präsentieren, die den 2. Weltkrieg näher erklären und deren Chiron-Aspekte untersuchen. Kaiser Wihelm I. wurde am 18. Januar 1871 um 13:00 LMT zum deutschen Kaiser gekrönt. Die Samen des Krieges wurden mit Chiron auf 3° 45' Widder gesät. Er stand in Opposition zum Mars (5° 34' Waage), und beide Planeten hatten ein Quadrat mit Saturn (4° 01' Steinbock).

Adolf Hitler kam am 20. April 1889 um 18:30 LMT (5:38 GMT) in Braunau (Österreich) zur Welt. Chiron befand sich auf 6° 55' Krebs, in Opposition zum Mond (6° 38' Steinbock) und zu Jupiter (8° 15' Steinbock). Bemerkenswert ist dabei, daß Hitlers Chiron die oben erwähnte Konstellation bei der Ausrufung des Deutschen Reiches zu einem Großen Quadrat ergänzt.

Das Horoskop des Dritten Reiches kann mit dem der Amtsantritt Hitlers als Kanzler gleichgesetzt werden: 30. Januar 1933, 11:00 MEZ (manche sagen auch 11:07), in Berlin. Chiron stand auf 23° 34' Stier in Konjunktion zum Aszendent (19° 26' — oder 22° 23' — Stier), Sextil Pluto (21° 59' Krebs) und Trigon Jupiter (22° 29' Jungfrau). Diese Position Chirons steht im Halbquadrat zum Chiron des Deutschen Kaiserreiches und zu Hitlers Radix–Chiron und in Konjunktion zur Halbsumme dieser beiden Positionen Chirons!

Am 31. August 1939 um 12:30 MET gab Hitler in Berlin den Befehl, in Polen einzumarschieren. Chiron stand auf 8° 22' Krebs im Quadrat zu Jupiter (7° 07' Widder und Sextil Sonne (7° 10' Jungfrau). Der erste Schuß des 2. Weltkrieges wurde am nächsten Morgen abgefeuert. Dies geschah genau zur Zeit von Hitlers Chiron–Wiederkehr, womit all die oben erwähnten Aspekte noch hervorgehoben werden.

Was Polen anbelangt, so verwende ich für diese entscheidende historische Periode das Horoskop vom 14. November 1918, 9:30 GMT, Warschau. Pluto stand auf 6° 23' Krebs in Opposition zum Mars (2° 14' Steinbock) und im Quadrat zu Chiron (29° R 17' Fische). Der Mond war auf 26° 32' Fische in Konjunktion mit Chiron. Beachtlich ist die exakte Konjunktion vom Pluto im Horoskop Polens mit Hitlers Chiron.

In Mundanhoroskopen kann Chiron sowohl positiv als auch negativ in Erscheinung zu treten. Äußert er sich negativ, dann scheint er Schranken zu beseitigen, sodaß solche Planeten wie Pluto oder Mars unkontrolliert ausbrechen können. Es wäre ideal, wenn die Politiker dies in Zukunft in Rechnung stellen könnten, bevor sie Regierungen ausrufen oder Nationen gründen.

Chiron ist nicht mehr allein

Chiron begleitet uns inzwischen seit zwei Jahrzehnten. Die Astrologie wurde in dieser Zeit erneut durch astronomische Entdeckungen aufgeschreckt. Aber zur Bewertung dieser Phänomene können wir diesmal wenigstens auf einige Erfahrungen im Umgang mit neuen Faktoren zurückgreifen.

In den Jahren 1977/78 gab es astronomische Entdeckungen, die nicht nur die Astronomen selber aufrüttelten, sondern auch die Perspektive der Astrologen veränderten. Zunächst wurde festgestellt, daß Uranus ein Ringsystem besitzt. Dies bedeutete, daß es nun ein verbindendes Element zwischen Saturn und Uranus gibt. Anstatt Gegenspieler zu sein, wie bisher angenommen wurde, gehören beide Planeten vielleicht zum gleichen Team. So gesehen ist es auch gar nicht mehr so eigenartig, daß sie beide Herrscher im Zeichen Wassermann sind.

Anschließend wurde Chiron auf einer Bahn zwischen diesen beiden Planeten gesichtet, also in einem Himmelsabschnitt, in dem absolut nichts erwartet wurde. Chiron kristallisierte sich schnell als tragende astrologische Kraft heraus. Er spielt eine entscheidende Rolle beim Übergang von den inneren zu den äußeren Planeten. Inzwischen ist er ein wesentlicher kosmischer Faktor, trotz seiner verhältnismäßig geringen Größe.

Zu Beginn des Jahres 1978 wurde erkannt, daß Pluto von einem Mond namens Charon umkreist wird. Da Plutos Gravitationskräfte schon länger berechnet worden sind bedeutete dies, daß er sehr viel geringeren Umfanges sein mußte, als bislang angenommen wurde. Hätten die Astrologen schon nach der ersten Entdeckung Plutos gewußt, wie klein dieser tatsächlich ist, sie hätten kaum einen Gedanken an dieses Objekt verschwendet. Aber wer kann sich heute noch vorstellen, Pluto *nicht* im Horoskop zu berücksichtigen?

Mitte der achziger Jahre gab es eine weitere Enthüllung durch die Astronomie: Chiron ist ein Komet! Auch hier gilt wiederum dasselbe: Hätten die Astrologen schon seit Anfang an von Chirons kometenhafter Charakteristik gewußt, sie hätten ihm vermutlich wenig Aufmerksamkeit geschenkt. Aber die Feststellung einer Kometenkoma hat die zu Chirons astrologischen Einflüssen gesammelten Werte keineswegs ungültig gemacht. Wir mußten damit also akzeptieren, daß ein kometenhafter Himmelskörper astrologisch wirksam sein kann. Manche trösten sich dann damit, daß Chiron immerhin der größte jemals bekannt gewordene Komet ist.*

Damit kommen wir in das Jahr 1991. Am 18. Februar diesen Jahres sichteten die Astronomen einen Himmelskörper, der einen vollkommen neuen Typus darstellte. Das Objekt hat eine Umlaufzeit von etwas mehr als 41 Jahren und sein Aphel liegt jenseits von Uranus. Noch seltsamer ist die Tatsache, daß sein Perihel innerhalb der Marsbahn liegt. Damit ist die Umlaufbahn äußerst exzentrisch und hat starke Ähnlichkeit mit der Bahn eines Kometen. Aber dieses Objekt funktioniert nicht wie ein Komet. Es ist von keiner Staubwolke umgeben und es hat keinen Schweif. Nun, handelt es sich hierbei um einen ausgebrannten Kometen oder einen Asteroiden, der weiter ins All hinaussticht als alle bisher bekannten? Oder ist dies ein neuer Typus von Himmelskörper, den die Astronomen bisher noch nicht gefunden und klassifiziert hatten? Derzeit wissen wir es noch nicht endgültig.

Aber dieser kleine Himmelskörper veränderte wiederum unsere astrologische Sichtweise. Das Objekt »1991 DA« wurde offiziell Damokles benannt. Entgegen der Gepflogenheit bei den meisten Hauptplaneten, wurde dieser Himmelskörper nach einer Person benannt, deren Geschichte aber auch in die Mythologie einging. Rufen wir uns diese kurz ins Gedächtnis. Damokles hatte die entsetzlich schlechte Angewohnheit, sich immer bei seinem Herr einzuschmeicheln, indem er ihm immer davon schwärmte, wie wunderbar dieser doch sei und wie ruhmreich es sein müsse, den Reichtum und die

---

* Diese Frage ist noch nicht eindeutig entschieden. Zwar wurde bei Chiron eine Koma entdeckt, aber diese muß aufgrund der großen Sonnendistanz auf einem unerklärten Mechanismus beruhen. Für einen Kometen ist Chiron außerdem viel zu groß. Seit der Entdeckung von Pholus (1992) tendieren die Astronomen dazu, diese als Kentauren zu klassifizieren, als Kreuzung von Asteroid und Komet. (Anm. d. Übers.)

Macht eines so großen Mannes zu besitzen. Sein Herr ermüdete an seinem Lob und beschloß, ihm eine Lehre zu erteilen. Er wurde zu einem Fest eingeladen, das man Damokles zu Ehren veranstaltete. Umgeben von prachtvollen Dingen, saß Damokles zu Tisch bei einem erhabenen Bankett. Als er nach oben blickte erstarrte sein Gesicht, denn direkt über seinem Haupt hing ein großes Schwert, nur an einem einzigen Haar festgebunden.

Diese Lektion zeigte Wirkung. Damokles erkannte, was es bedeutet, Herrscher über ein Land zu sein; in jedem Augenblick seines Lebens steht dieser unter der permanenten Angst vor einem drohenden Schicksal.

Von dieser Geschichte leitet sich die Redewendung „das Schwert des Damokles“ ab. Der kleine Himmelskörper scheint dieses Gefühl des drohenden Unglücks teilweise auch widerzuspiegeln, ebenso aber auch den Zustand höchster Angst, der dieses Schicksal begleitet. Wir alle haben dies schon einmal in unserem Leben empfunden. Es ist astrologisch nachvollziehbar, wie gut es paßt, daß Damokles die Planeten Mars und Uranus verbindet.

Es gibt sogar einen psychologischen Zustand der als *Damokles Syndrom* beschrieben wird. In ihrem gleichnamigen Buch schreiben Dr. Gerald P. Koocher und John E. O'Malley: „Dank der jüngsten Fortschritte bei der Behandlung von bösartigen Kinderkrankheiten, haben Kinder, die vor 15 Jahren noch sicher gestorben wären, heute die Chance von 50% fünf Jahre länger zu leben und vielleicht sogar ganz von der Krankheit geheilt zu werden. Jedoch ist es ein Charakteristikum von Krebs, daß die Krankheit wieder auftreten kann, selbst nach langen Perioden augenscheinlich guter Gesundheit.“ So gesehen wachsen diese Kinder mit einem „Schwert“ auf, daß über ihrem Haupt hängt.

Da Damokles eine derartig extreme Umlaufbahn hat, ergibt sich eine ungewöhnliche astrologische Situation. Den größten Teil seiner Umlaufzeit verbringt er in einem Zeichen, nämlich Wassermann. Er trat Anfang der fünfziger Jahre in dieses Zeichen ein und blieb dort bis in in die neunziger Jahre. Danach läuft er schneller und schneller bis er das Perihel erreicht und wandert in nur wenigen Jahren durch elf Zeichen. Allein im Jahr 1990, dem Jahr seines Perihels, bewegte er sich vom Zeichen Fische bis zur Waage. Da die Mehrzahl aller

Menschen Damokles im Wassermann hat, ist es durchaus möglich, daß Damokles mit dem Wesen des Wassermanns etwas gemeinsam hat. Und dies wiederum verbindet ihn mit Chiron, der Brücke zwischen Saturn und Uranus, den Herrschern des Wassermann.

Im Jahre 1992 folgten gleich mehrere astronomische Entdeckungen, die unser Bewußtsein aufrüttelten. Zunächst wurde eine ganze Reihe von Himmelskörpern jenseits von Pluto entdeckt, wovon die meisten mit Kometen vergleichbar sind. Derzeit sind wenigstens 17 von diesen bekannt, mit Umlaufzeiten zwischen 265 und 291 Jahren. Zwar erweisen diese sich bis zu einem gewissen Grad als interessant, aber sie kommen der Erde doch nicht sehr nahe und sind diesbezüglich nicht so signifikant für die Astrologie.

Aber es wurde in demselben Jahr noch ein weiteres Objekt entdeckt, das sehr wichtig ist. Am 9. Januar 1992 wurde wiederum ein Himmelskörper zwischen Saturn und Uranus gesichtet! Zunächst gab man ihm den Spitznamen „Sohn des Chiron“, bald darauf erhielt er die offizielle Bezeichnung Pholus.

Pholus war mythologisch betrachtet ein Kentauer wie Chiron. Entgegen dem Rest ihrer Sippschaft waren Chiron und Pholus weise, umgänglich und gebildet. Eines Tages kam Herakles, auf dem Weg eine seiner zwölf Aufgaben zu erfüllen, bei Pholus vorbei. Herakles war hungrig und durstig von der Reise und Pholus als Gastgeber versorgte ihn mit allem Nötigen. Als sie sie das Weinfaß öffneten und sich der Duft des Weines in der Luft verbreitete, wurden die übrigen Kentauren angezogen. Betört und wild geworden, stürmten sie die Höhle des Pholus, und zerstörten alles was ihnen auf dem Weg zu dem Wein in die Quere kam. Pholus und Chiron versuchten einzugreifen, hatten aber keinen Erfolg. Da zückte Herakles seinen Bogen, griff nach seinen vergifteten Pfeilen und zielte auf die wilden Kreaturen. Es ereigneten sich zwei Tragödien:

Chiron wurde am Fuß getroffen, da er aber von göttlicher Abstammung war, konnte er nicht sterben. Der vergiftete Pfeil bedeutete für ihn ewiges Leiden. Der Mythos von dem verwundeten Heiler wurde an vielen Stellen in der astrologischen Literatur beschrieben.

Aber es gab noch eine weitere Tragödie: Pholus** war erstaunt darüber, daß ein derart kleiner Pfeil so große Kentauren zu Tode bringen konnte. Er zog einen Giftpfeil aus einer Kentaurenleiche, dieser entglitt ihm, traf ihn am Fuß und tötete ihn auf der Stelle. Damit besteht eine unmittelbare Verbindung zwischen der Mythologie von Chiron und Pholus

Auch astrophysikalisch weisen Pholus und Chiron einige Gemeinsamkeiten auf. Aber Pholus könnte, ähnlich wie Damokles, zu einer ganz neuen Klassifizierung von Himmelskörpern zählen. Zum einen ist Pholus äußerst stark rot gefärbt, intensiver als alle anderen bisher bekannten Planeten. Andererseits wissen die Astronomen noch nicht so recht, was er überhaupt ist. Soviel ist aber bekannt: Er hat eine Umlaufbahn von 92 Jahren und bewegt sich zwischen der Saturnbahn und der Neptunbahn.

Man kann das Mars/Neptun-Prinzip sogar in der Mythologie um Pholus wiedererkennen und wir finden dieses Verbindungsglied repräsentiert in den Wirkungen des Himmelskörpers. Ähnlich wie bei Chiron kann Pholus sich darauf spezialisieren, Heilung zu bringen oder Schmerzen beenden. Aber bei Pholus liegt diese Betonung mehr auf der völligen Konzentration auf den Patienten, unter Ausschaltung der eigenen Bedürfnisse, manchmal sogar bis zu dem Punkt, daß man sich opfert, wenn dies notwendig ist.

Bei allen drei erwähnten Himmelskörpern, also Chiron, Damokles oder Pholus, fokusiert sich die astrologische Bedeutung auf verschiedene Aspekte der Thematik Leben und Tod und auf dem Umgang mit Schmerz und Leiden. Allen ist gemeinsam, daß die Transformation eine Rolle spielt. Es ist allerdings jeweils eine andere Ebene der Transformation, die sich bei jedem der genannten Himmelskörper unterscheidet.

Eine Fragestellung, die öffentliche Diskussion der jüngsten Vergangenheit stark beschäftigt, ist das Thema humanes Sterben und Sterbehilfe für schwerkranke Menschen. Die symbolische Verbindung zu Chiron, Damokles und Pholus ist meiner Meinung nach vorhanden. Und es lassen sich weitere Wechselbezüge denken, mit de-

---

** Sowohl die Mythologie als auch die Astronomie von Pholus wird eingehend beschrieben in: Dieter Koch und Robert von Heeren. *Pholus - Wandler zwischen Saturn und Neptun*. (Mössingen: Chiron Verlag, 1995).

nen wir vielleicht erst später noch konfrontiert werden.

Wir sollten diese neuen Himmelskörper erforschen, denn es gibt viel zu entdecken. Um nur zwei Beispiele zu nennen: was war am Jahresbeginn 1956 so bemerkenswert, als Chiron, Damokles und Pholus in einer große Konjunktion standen? Oder worin liegt die Bedeutung der Tatsache, daß Chiron und Pholus zwischen 1953 und 1961 dreizehn Konjunktion miteinander im Wassermann hatten.

Wir werden an Bord für eine wunderbare neue Reise genommen und wer weiß, wohin sie uns führen wird.

Weitere Bücher aus dem Chiron Verlag

Eve S. Gregory

Chiron Ephemeriden 1900 - 2000

128 Seiten, gebunden, 2. Auflage

ISBN 3-925100-09-1

Chiron ist am 1. November 1977 von dem amerikanischen Astronomen Charles T. Kowal entdeckt worden. Dies ist nun erstmalig eine Chiron-Ephemeride mit Längen- und Breitenangaben in *Tagesabständen* und in Tierkreisgraden. Zusätzlich sind noch die Deklinationen in 10-Tages-Angaben enthalten. Als Basis zur Berechung dienten die von der Sternwarte der Smithsonian Institution herausgegebenen Bahnelemente. Im Anhang finden sich weitere nützliche Tabellen: Die geozentrischen Positionen für die Zeiträume 1800 - 1899 und 2000 - 2049. Zudem die heliozentrischen Positionen für die Jahre 1900 - 2000. Die Einleitung gibt einen kurzen Abriß über die Entdeckungsgeschichte sowie die wichtigsten astrologischen Entsprechungen. Alles in allem also nicht nur ein äußerst nützliches, sondern auch ein sehr umfassendes Arbeitsmittel.

Für jedermann der Chiron bei der astrologischen Deutung mitberücksichtigen will und der an exaktes Arbeiten mit Längenpositionen und Deklinationen gewohnt ist, stellt die Neuerscheinung eine Bereicherung und ein unentbehrliches Arbeitsinstrument dar.

Meridian

Zane B. Stein

Chiron

90 Seiten, broschiert, 4. Auflage

ISBN 3-925100-06-7

Chiron ist der jüngste Star am Planetenhimmel. Er wurde 1977 entdeckt und bewegt sich auf einer äußerst exzentrischen Bahn zwischen den beiden Ringplaneten Saturn und Uranus. Für die moderne Astrologie gewinnt er deshalb zunehmend an Bedeutung. Chiron ist die Brücke zwischen Saturn und Uranusbewußtsein. Er vrmittelt zwischen Vergangenheit und Zukunft und er ist in allem ein Außenseiter. Die wichtigsten Einschnitte und Wendepunkte im Leben werden von ihm signalisiert und er bietet Impulse zur Ganzwerdung. Zane B. Stein beschreibt Chiron in astrologischer Hinsicht und erklärt seine Wirkungsweise in Zeichen und Feldern. Er erläutert Chirons Schlüsselrolle zwischen Saturn und Uranus und zeigt, daß die Betrachtung Chirons für eine zeitgemäße Astrologie unerläßlich ist. Das vorliegende Buch war die allererste Veröffentlichung zur Astrologie Chirons und gilt schon heute als ein Klassiker der astrologischen Literatur.

Sein 1983 geschriebenes Buch 'Chiron' erregte dann wegen seines Pionierstatus in astrologischen Fachkreisen viel Aufsehen.

Astrologie Heute

Robert von Heeren und Dieter Koch

Pholus

Wandler zwischen Saturn und Neptun

Die Wende ins Unerwartete

320 Seiten, 27 Abb., Ephemeriden 1900 - 2025

ISBN 3-925100-20-2

Am 9. Januar 1992 wurde *Pholus* entdeckt. Bei einer Umlaufzeit von 92 Jahren kreuzt er die Saturnbahn nach innen und überschreitet bei Sonnenferne sogar die Neptunbahn nach außen. Den Astronomen wirft er einige Rätsel auf, denn er ist weder den Asteroiden, noch den Kometen eindeutig zuzuordnen.

Auch die Mythologie um Pholus ist rätselhaft: Als einziger gutmütiger und zivilisierter Kentauer neben Chiron, nimmt sein Leben ein merkwürdig abruptes Ende. Pholus zieht aus Faszination einen Pfeil aus einer Kentaurenleiche. Der Pfeil entgleitet ihm und tötet ihn unverzüglich.

Die Autoren legen das weltweit erste umfassende Werk zu Pholus vor. Wissenschaftlich fundiert analysieren sie seine ungewöhnlichen astronomischen Eigenschaften. Die astrologische Qualität und Relevanz wird jedoch nicht nur theoretisch abgeleitet, sondern mittels intensiver Transit-forschungen belegt. Die Autoren kommen dadurch sowohl zu lebensnahen Deutungen für Häuser- und Planetentransite, als auch zu Interpretationen seiner Planetenverbindungen und Häuserstellung im Horoskop. Pholus spielt eine entscheidende Rolle als Auslöser uner-warteter Grenzerfahrungen, in denen sich unsere Selbstbewahrung in eine Öffnung für das Unbekannte wandelt. Ergänzt wird das Buch durch eine Ephemeride der Jahre 1900-2019 für Pholus und die Originaltexte der Mythologie um Chiron und Pholus.